Stamm
Agnes

Peter Stamm

Agnes

Roman

Nachwort
von Friedhelm Marx

Reclam

Für meine Eltern

RECLAMS UNIVERSAL-BIBLIOTHEK Nr. 14561
2024 Philipp Reclam jun. Verlag GmbH,
Siemensstraße 32, 71254 Ditzingen
info@reclam.de

Gestaltung: Cornelia Feyll, Friedrich Forssman
Druck und Bindung: Elanders Waiblingen GmbH,
Anton-Schmidt-Straße 15, 71332 Waiblingen
Printed in Germany 2026
RECLAM, UNIVERSAL-BIBLIOTHEK und
RECLAMS UNIVERSAL-BIBLIOTHEK sind eingetragene Marken
der Philipp Reclam jun. GmbH & Co. KG, Stuttgart
ISBN 978-3-15-014561-6
reclam.de

Agnes

St. Agnes! Ah! it is St. Agnes' Eve –
Yet men will murder upon holy days.

John Keats

… 1 …

Agnes ist tot. Eine Geschichte hat sie getötet. Nichts ist mir von ihr geblieben als diese Geschichte. Sie beginnt an jenem Tag vor neun Monaten, als wir uns in der Chicago Public Library zum ersten Mal trafen. Es war kalt, als wir uns kennenlernten. Kalt wie fast immer in dieser Stadt. Aber jetzt ist es kälter, und es schneit. Über den Michigansee kommt der Schnee und kommt der böige Wind, der selbst durch das Isolierglas der großen Fenster noch zu hören ist. Es schneit, aber der Schnee setzt sich nicht, er wird weitergeweht und bleibt nur liegen, wo der Wind nicht hingelangt. Ich habe das Licht gelöscht und schaue hinaus auf die beleuchteten Spitzen der Wolkenkratzer, auf die amerikanische Flagge, die der Wind irgendwo im Licht eines Scheinwerfers hin und her schlägt, und weit hinunter auf die leeren Plätze, wo selbst jetzt, mitten in der Nacht, die Ampeln von Grün zu Rot und von Rot zu Grün wechseln, als sei nichts geschehen, als geschehe nichts.

Hier habe ich mit Agnes gewohnt, in dieser Wohnung, für kurze Zeit. Wir waren hier zu Hause, aber jetzt, wo Agnes gegangen ist, ist mir die Wohnung fremd und unerträglich geworden. Nur ein Zentimeter Glas trennt mich von Agnes, nur ein Schritt. Aber die Fenster lassen sich nicht öffnen.

Ich schaue mir – ich weiß nicht zum wievielten Mal – das Video an, das Agnes aufgenommen hat, als wir am Columbus Day eine Wanderung machten. *Columbus Day in Hoosier National Forest* hat sie auf die Schachtel und auf die Kassette geschrieben, in ihrer sorgfältigen Schrift, und hat beides mit einem Lineal doppelt unterstrichen, wie wir als

Kinder die Resultate unserer Rechnungen unterstrichen haben. Ich habe den Ton des Fernsehers ausgeschaltet. Die Bilder scheinen mir wirklicher als die dunkle Wohnung, die mich umgibt. Es ist ein seltsames Licht in ihnen, das Licht einer weiten Ebene an einem Nachmittag im Oktober.

Eine leere Ebene, weit und breit keine Stadt, kein Dorf, nicht einmal eine Farm. Kurz geschnittene Sequenzen, ohne dass das Bild sich wesentlich verändert. Immer neue Ansätze, Versuche, die Landschaft zu erfassen. Manchmal erahne ich, weshalb Agnes die Kamera eingeschaltet hat: eine seltsam geformte Wolke, eine Reklametafel, in der Ferne ein Streifen Wald, fast unsichtbar durch das Weitwinkelobjektiv. Einmal ein Schwenk zu mir, wie ich am Steuer sitze. Ich mache eine Grimasse. Und dann wohl der Versuch, sich selbst zu zeigen: der Rückspiegel, darin groß die Kamera und dahinter, kaum zu sehen, Agnes selbst. Dann noch einmal ganz kurz Agnes, am Steuer diesmal, wie sie eine abwehrende Handbewegung macht.

Der Parkaufseher. Auch er macht abwehrende Handbewegungen, aber im Gegensatz zu Agnes lacht er dabei. Ein Zoom auf seine Hände, die über ein Kartenblatt fahren, einen Weg zeigen, der im Bild nicht zu erkennen ist. Der Aufseher lässt sich auf seinen Stuhl fallen, öffnet eine Schublade, zieht einige Broschüren heraus. Er lacht und hält eine davon in die Kamera: *How to survive Hoosier National Forest.* Das Bild wackelt, dann greift von unten eine Hand nach dem Faltblatt. Der Parkaufseher spricht unentwegt, sein Gesicht wird ernst. Die Kamera wendet sich von ihm ab, streift mich kurz. Plötzlich Wald, ein lockerer Baumbestand. Ich liege auf dem Boden, scheine zu schlafen oder habe zumindest die Augen geschlossen. Die Kamera nähert sich mir von oben, kommt immer näher, bis das Bild unscharf wird, weicht zurück. Dann wandert sie über meinen Körper bis zu den Füßen und wieder zum Kopf. Lange bleibt sie auf dem Gesicht stehen, versucht, noch einmal näher zu kommen, aber das Bild wird wieder unscharf, und sie weicht von neuem zurück.

»Keine Videos?«, hat der Verkäufer mit dem nach hinten gekämmten, pomadisierten Haar gefragt, als ich mir vor Stunden unten im Laden Bier holte. Er erkundigte sich nach Agnes. Sie sei weggegangen, sagte ich, und er lächelte anzüglich. »Sie gehen alle irgendwann«, sagte er, »mach dir nichts draus, die Welt ist voll schöner Frauen.«

Agnes mochte den Verkäufer nicht, sie wusste nicht, weshalb. Er mache ihr Angst, sagte sie nur und lachte mit, wenn ich sie auslachte. Er machte ihr Angst wie die Fenster, die man nicht öffnen kann, wie das nächtliche Summen der Klimaanlage, wie die Fensterputzer, die eines Nachmittags in einer Gondel vor unserem Schlafzimmerfenster schwebten. Sie mochte die Wohnung nicht, nicht das Haus, überhaupt die ganze Innenstadt nicht. Am Anfang lachten wir darüber, dann sprach sie nicht mehr davon. Aber ich merkte, dass die Angst noch immer da war, dass sie gewachsen und nun so groß war, dass Agnes nicht mehr darüber sprechen konnte. Sie klammerte sich stattdessen immer enger an mich, je mehr sie sich fürchtete. Ausgerechnet an mich.

... 2 ...

Ich saß in der Public Library und studierte, wie schon seit Tagen, alte Bände der *Chicago Tribune*, als ich Agnes zum ersten Mal sah. Es war im April letzten Jahres. Sie setzte sich im großen Lesesaal mir gegenüber, zufällig wohl, die meisten Plätze waren besetzt. Sie hatte ein Sitzkissen mitgebracht, einen Schaumstoffkeil. Vor sich, auf den Tisch, legte sie einen Schreibblock, daneben einige Bücher, zwei oder drei Stifte, einen Radiergummi, einen Taschenrechner. Als ich von meiner Arbeit aufschaute, trafen sich unsere Blicke. Sie senkte die Augen, nahm das oberste Buch vom Stapel und begann zu lesen. Ich versuchte, die Titel der Bücher zu entziffern, die sie mitgebracht hatte. Sie schien es zu bemerken und zog den Stapel mit einer leichten Drehung gegen sich.

Ich arbeitete an einem Buch über amerikanische Luxuseisenbahnwagen und war gerade dabei, die Stellungnahme eines Politikers zum Armee-Einsatz während des Pullman-Streiks zu lesen. Ich hatte mich verrannt in diesen Streik, er spielte für mein Buch keine Rolle, aber er faszinierte mich. Ich habe mich in meiner Arbeit immer von meiner Neugier leiten lassen, und diesmal hatte sie mich weit von meinem Thema weggeführt.

Seitdem Agnes sich mir gegenübergesetzt hatte, konnte ich mich nicht mehr konzentrieren. Ihr Äußeres war nicht auffallend, sie war schlank und nicht sehr groß, ihr braunes Haar war schulterlang und dicht, ihr Gesicht bleich und ungeschminkt. Nur ihr Blick war außergewöhnlich, als könne sie mit den Augen Worte übermitteln.

Ich kann nicht behaupten, ich hätte mich schon da in sie verliebt, aber sie interessierte mich, beschäftigte mich. Immer wieder schaute ich zu ihr hinüber, es war mir bald selbst peinlich, aber ich konnte nicht anders. Sie reagierte nicht, sah nie auf, dennoch war ich mir sicher, dass sie meine Blicke spürte. Endlich stand sie auf und ging hinaus. Ihre Sachen ließ sie auf dem Tisch liegen, nur den Taschenrechner packte sie ein. Ich folgte ihr, ohne recht zu wissen, weshalb. Als ich in die Eingangshalle kam, war sie nicht mehr zu sehen. Ich verließ das Gebäude und setzte mich draußen auf die breite Freitreppe, um eine Zigarette zu rauchen. Obwohl es nicht kalt war, fröstelte mich nach dem stundenlangen Sitzen in der überheizten Bibliothek. Es war vier Uhr nachmittags, und auf den Gehsteigen mischten sich unter die Touristen und Shopper erste Büroangestellte auf dem Nachhauseweg.

Ich spürte schon die Leere des Abends, der vor mir lag. Ich kannte kaum jemanden in der Stadt. Niemanden, um genau zu sein. Ein paarmal hatte ich mich verliebt in ein Gesicht, aber ich hatte gelernt, solchen Gefühlen auszuweichen, bevor sie zu einer Bedrohung wurden. Ich hatte einige gescheiterte Beziehungen hinter mir und hatte mich, ohne wirklich einen Entschluss zu fassen, für den Moment mit meinem Alleinsein abgefunden. Dennoch wusste ich, dass ich nicht mehr in Ruhe würde arbeiten können, solange mir die unbekannte Frau gegenübersaß, und so beschloss ich, nach Hause zu gehen.

Ich drückte meine Zigarette aus und wollte eben aufstehen, als die Frau sich kaum einen Meter entfernt neben mir auf die Treppe setzte, in der Hand einen Pappbecher mit Kaffee. Im Gehen hatte sie etwas Kaffee verschüttet, und sie stellte den Becher neben sich auf die Stufe und wischte sich mit einem zerknüllten Papiertaschentuch umständlich die Finger trocken. Dann nahm sie ein Paket Zigaretten aus dem kleinen Rucksack, den sie bei sich trug, und begann, nach Streichhölzern oder einem Feuerzeug zu suchen. Ich fragte sie, ob sie Feuer brauche. Sie wandte sich mir zu, als sei sie überrascht, aber in ihren Augen sah ich keine Überraschung, sah ich etwas, was ich nicht verstand.

»Ja, bitte«, sagte sie.

Ich zündete ihre Zigarette an und mir selbst eine zweite, und wir rauchten nebeneinander, ohne zu sprechen, aber einander zugewandt. Irgendwann stellte ich eine belanglose Frage, und wir begannen zu reden, über die Bibliothek, die Stadt, das Wetter. Erst als wir aufstanden, fragte ich sie nach ihrem Namen. Sie sagte, sie heiße Agnes.

»Agnes«, sagte ich, »ein seltsamer Name.«

»Sie sind nicht der Erste, der das sagt.«

Wir gingen zurück in den Lesesaal. Das kurze Gespräch hatte meine Spannung gelöst, und ich konnte wieder arbeiten, ohne dauernd zu ihr hinüberzuschauen. Tat ich es dennoch, erwiderte sie meinen Blick freundlich, aber ohne zu lächeln. Ich blieb länger, als ich vorgehabt hatte, und als Agnes endlich ihre Sachen zusammenpackte, fragte ich sie flüsternd, ob sie morgen wieder hier sein werde.

»Ja«, sagte sie und lächelte zum ersten Mal.

… 3 …

Am nächsten Tag war ich schon früh in der Bibliothek, und obwohl ich Agnes erwartete, hatte ich keine Mühe, mich auf die Arbeit zu konzentrieren. Ich wusste, dass sie kommen würde und dass wir reden würden miteinander, eine Zigarette rauchen, einen Kaffee trinken. In meinem Kopf war unsere Beziehung viel weiter gediehen als in Wirklichkeit. Ich begann schon, mir über sie Gedanken zu machen, hatte schon Zweifel, dabei hatten wir uns noch nicht einmal verabredet.

Ich kam mit der Arbeit gut voran, las, machte mir Notizen. Als Agnes gegen Mittag erschien, nickte sie mir zu. Wieder legte sie ihren Schaumstoffkeil auf einen Stuhl in meiner Nähe, breitete ihre Sachen aus wie am Tag zuvor, nahm ein Buch und begann zu lesen. Nach vielleicht einer Stunde zog sie ihre Zigaretten aus dem Rucksack, blickte kurz darauf und dann zu mir herüber. Wir standen beide auf und gingen, den breiten Tisch zwischen uns, auf den Hauptgang zu, der die Mittelachse des Raumes bildet. Ich begleitete sie zum Kaffeeautomaten, wieder verschüttete sie etwas Kaffee, wieder setzten wir uns auf die Treppe vor der Bibliothek. Am Tag zuvor war Agnes eher scheu gewesen, jetzt sprach sie viel und mit einer Hast, die mich erstaunte, da wir über belanglose Dinge redeten. Sie war unruhig, und doch schienen wir – ohne mehr voneinander zu wissen als unsere Namen – über Nacht vertrauter miteinander geworden zu sein.

Agnes sprach von einem Freund, Herbert, ich weiß nicht mehr, wie wir auf ihn kamen. Dieser Herbert hatte kürzlich ein seltsames Erlebnis gehabt. Er habe, erzählte Agnes, in einem Café in der Lobby eines großen Hotels etwas getrunken. An einem Nachmittag.

»Ich bin selbst ein paarmal mit ihm dort gewesen«, sagte Agnes, »es gibt einen Pianisten und die besten Cappuccinos der Stadt. Von der Lobby führen ein paar Stufen ins Café hinunter, an einem Springbrunnen vorbei, und als Herbert die Treppe hinabging, kam ihm eine Frau entgegen. Sie war nicht älter als er und trug ein schwarzes Kleid. Als er die Frau gesehen habe, sagte Herbert, habe er sich ganz seltsam gefühlt. Eine Art Traurigkeit, aber auch Geborgenheit. Es sei ihm vorgekommen, als kenne er die Frau. Dabei sei er sicher gewesen, sie noch nie zuvor gesehen zu haben. Er habe sich jedenfalls ganz schwach gefühlt und sei auf der Stelle stehen geblieben.«

Agnes drückte ihre Zigarette auf der Treppe aus und warf den Stummel in den leeren Kaffeebecher.

»Auch die Frau blieb stehen«, erzählte sie weiter. »Einige Sekunden lang standen die beiden sich so gegenüber. Dann ging die Frau langsam auf Herbert zu. Dicht vor ihm hob sie die Hände, legte sie auf seine Schultern und küsste ihn auf den Mund. Er habe seine Arme um sie gelegt, sagte Herbert, aber sie habe sich losgemacht und sei einen Schritt zurückgetreten. Herbert trat zur Seite, und die Frau lächelte und ging weiter, die Treppe hinauf. Als sie an ihm vorbeiging, strich sie kurz mit der Hand über seinen Arm.«

»Eine seltsame Geschichte«, sagte ich, »hat er versucht herauszufinden, wer sie war?«

»Nein«, sagte Agnes, und plötzlich schien es ihr peinlich zu sein, dass sie mir die Geschichte erzählt hatte, und sie stand auf und sagte, sie müsse jetzt zurück an die Arbeit.

Als wir uns tags darauf zum dritten Mal trafen, fragte ich

Agnes, ob sie nicht Lust habe, mit mir in den Coffee Shop gegenüber zu gehen.

»Dort wird der Kaffee serviert«, sagte ich, »dann machst du dir einmal nicht die Hände schmutzig.«

Wir gingen über die Straße. Agnes bestand darauf, den Fußgängerstreifen zu benutzen und bei der Ampel zu warten, bis diese auf *Walk* wechselte.

In dem Coffee Shop trank ich seit Wochen fast jeden Morgen meinen Kaffee und las die Zeitung. Er war ziemlich schäbig, und die dicken roten Kunstlederbänke waren zu weich und unangenehm tief angebracht. Der Filterkaffee war dünn und oft bitter, weil er zu lange auf der Wärmeplatte gestanden hatte, aber ich mochte das Lokal, weil mich noch immer keine der Kellnerinnen zu erkennen schien und mit mir zu plaudern versuchte, weil mir kein Lieblingstisch frei gehalten wurde und weil ich jeden Morgen gefragt wurde, was ich wünsche, obwohl es immer dasselbe war.

Ich fragte Agnes, woran sie arbeite. Sie sagte, sie habe Physik studiert und schreibe an ihrer Dissertation. Über die Symmetrien der Symmetriegruppen von Kristallgittern. Sie habe eine Teilzeit-Assistentenstelle am Mathematischen Institut der Chicago University. Sie sei fünfundzwanzig Jahre alt.

Sie sagte, sie spiele Cello, liebe Malerei und Gedichte. Sie sei in Chicago aufgewachsen. Ihr Vater war vor einigen Jahren in Pension gegangen, und ihre Eltern waren nach Florida gezogen und hatten sie alleine zurückgelassen. Agnes bewohnte ein Studio in einem der Außenviertel der Stadt. Sie hatte kaum Freunde oder Freundinnen, nur drei Streicherinnen, die sie jede Woche traf und mit denen sie Quartett spielte.

»Ich bin kein sehr sozialer Mensch«, sagte sie.

Ich erzählte Agnes, dass ich schreibe. Sie ignorierte es, stellte mir keine Fragen über meine Arbeit, und ich erwähnte nicht, dass ich Bücher veröffentlicht hatte. Eigentlich war ich froh über ihr Desinteresse. Ich bin nicht besonders stolz darauf, Sachbücher zu schreiben, und es gibt interessantere Gesprächsthemen als Zigarren, die Geschichte des Fahrrads oder der Luxuseisenbahnwagen.

Wir sprachen nur stichwortartig über uns selbst, diskutierten stattdessen über Kunst und Politik, über die Präsidentschaftswahlen im Herbst und über die Verantwortung der Wissenschaft. Agnes hatte eine Vorliebe, über Ideen zu reden, auch später, als wir uns besser kannten. Ihr Privatleben schien sie damals nur wenig zu beschäftigen, zumindest sprach sie nicht darüber. Wenn wir diskutierten, lag in allem, was Agnes sagte, ein seltsamer Ernst, ihre Ansichten waren streng. Wir blieben lange im Coffee Shop. Erst als gegen Mittag immer mehr Gäste kamen, wurde die Kellnerin ungeduldig, und wir gingen.

… 4 …

Viele Tage lang sahen wir uns nur in der Bibliothek, ohne uns zu verabreden. Oft rauchten wir zusammen auf der Treppe oder tranken Kaffee, und langsam gewöhnten wir uns aneinander, wie man sich an ein neues Kleidungsstück gewöhnt, das man erst für einige Zeit in den Schrank hängt, bevor man wagt, es anzuziehen. Dann, nach ein paar Wochen, lud ich Agnes zum Abendessen ein. Wir beschlossen, in ein kleines chinesisches Restaurant in der Nähe der Universität zu gehen.

Als ich am vereinbarten Abend zum Restaurant kam, lag davor auf dem Gehsteig eine Frau. Sie bewegte sich nicht. Ich kniete mich neben sie und stieß sie vorsichtig an. Sie war nicht älter als Agnes. Ihr Haar war rot und ihr Gesicht bleich und voller Sommersprossen. Sie trug einen kurzen Rock und einen waldgrünen Wollpullover. Sie schien nicht zu atmen, und ich fühlte keinen Herzschlag, als ich meine Hand dicht unter ihrer Brust auf den Pullover legte. Von der nächsten Straßenecke aus rief ich den Notfalldienst an. Die Frau am anderen Ende der Leitung fragte mich nach meinem Namen, meiner Adresse, meiner Telefonnummer, bevor sie endlich versprach, einen Krankenwagen vorbeizuschicken.

»Ist die Person tot?«, fragte sie.

»Ich weiß es nicht. Ich bin kein Spezialist«, sagte ich, »ich nehme es an.«

Als ich zum Restaurant zurückkam, hatten sich um die Liegende einige Passanten versammelt, und schweigend warteten wir auf die Ambulanz. Der Wagen traf fünf Minuten später ein, gerade als Agnes die Straße entlangkam.

Sie war bei der Probe ihres Streichquartetts gewesen und trug noch das Cello bei sich.

Ich sprach mit den Sanitätern, sagte, ich hätte die Frau gefunden, als sei es ein Verdienst.

»Tot«, sagte der Fahrer, »die hat's geschafft.«

Agnes stand neben mir und wartete. Sie stellte keine Fragen, auch später nicht beim Essen. Sie saß sehr aufrecht am Tisch, aß langsam und sorgfältig, als müsse sie sich konzentrieren, um keine Fehler zu machen. Wenn sie kaute, hatte sie die gespannte Nervosität einer Musikerin, die auf ihren nächsten Einsatz wartet. Nur wenn sie geschluckt hatte, entspannte sich ihr Gesicht für einen Augenblick, und sie wirkte erleichtert.

»Ich koche nie für mich selbst«, sagte ich, »nur schnelle Sachen, Rührei. Für andere koche ich gern. Ich esse viel mehr, wenn ich in Gesellschaft bin.«

»Ich esse überhaupt nicht gern«, sagte Agnes.

Nach dem Essen trank ich Kaffee. Agnes bestellte Tee. Wir hatten einen Augenblick lang schweigend dagesessen, als sie plötzlich sagte: »Ich habe Angst vor dem Tod.«

»Weshalb?«, fragte ich erstaunt. »Bist du krank?«

»Nein, nicht jetzt«, sagte sie, »aber irgendwann stirbt man ja doch.«

»Ich dachte schon, du meinst es ernst.«

»Natürlich meine ich es ernst.«

»Ich glaube nicht, dass die Frau gelitten hat«, sagte ich, um sie zu beruhigen.

»Das meine ich nicht, dass sie gelitten hat. Solange man leidet, lebt man doch wenigstens. Ich fürchte mich nicht vor dem Sterben. Ich habe Angst vor dem Tod – einfach, weil dann alles zu Ende ist.«

Agnes schaute quer durch den Raum, als habe sie jemanden entdeckt, den sie kannte, aber als ich mich umdrehte und in dieselbe Richtung schaute, waren da nur leere Tische.

»Du weißt ja nicht, wann es zu Ende ist«, sagte ich, und als sie nicht antwortete: »Ich habe mir immer vorgestellt, dass man sich irgendwann müde hinlegt und im Tod zur Ruhe kommt.«

»Offenbar hast du nicht sehr lang darüber nachgedacht«, sagte Agnes kühl.

»Nein«, gab ich zu, »es gibt Themen, die mich mehr interessieren.«

»Was ist, wenn man vorher stirbt? Bevor man müde ist«, sagte sie, »wenn man nicht zur Ruhe kommt?«

»Ich bin noch lange nicht bereit«, sagte ich.

Wir schwiegen. Ich erinnerte mich an ein Gedicht von Robert Frost, aber mir fielen die genauen Worte nicht ein. Ich bezahlte an der Theke, und wir gingen.

Wie selbstverständlich kam Agnes mit zu mir. Ich wohne im siebenundzwanzigsten Stockwerk des Doral Plaza, eines Wolkenkratzers mitten in der Innenstadt. In der Eingangshalle trafen wir den Verkäufer des kleinen Ladens, der gerade dabei war, sein Geschäft abzuschließen. Er blinzelte mir zu und lächelte anzüglich.

»Keine Videos heute Abend«, sagte er und atmete tief und genießerisch ein. Ich antwortete nicht und ging weiter, ohne ihn zu grüßen.

»Wer war das?«, fragte Agnes im Aufzug.

Ich nahm ihre Hand und küsste sie, und wir küssten uns, bis der Aufzug mit einem leisen Glockenton auf der siebenundzwanzigsten Etage zum Stehen kam.

… 5 …

Alles ging sehr schnell. Wir küssten uns im Flur, dann im Wohnzimmer. Agnes sagte, sie habe noch nie mit einem Mann geschlafen, aber als wir ins Schlafzimmer gingen, war sie sehr ruhig, zog sich aus und blieb nackt vor mir stehen. Sie war unbefangen und beobachtete mich mit ernstem Interesse. Sie war erstaunt, wie bleich ich war.

Wir hatten das Licht nicht gelöscht, und es brannte noch immer, als wir irgendwann spät in der Nacht einschliefen. Ich erwachte, als es draußen schon langsam hell wurde. Das Licht war jetzt gelöscht, und vor dem milchigen Viereck des Fensters sah ich die Silhouette von Agnes' nacktem Körper. Ich stand auf und trat neben sie. Sie hatte das seitliche kleine Kippfenster geöffnet und ihre Hand durch den engen Spalt gezwängt. Gemeinsam schauten wir auf die Hand, die sich draußen wie abgetrennt bewegte.

»Ich konnte das Fenster nicht öffnen.«

»Die Wohnung ist klimatisiert …«

Wir schwiegen beide. Agnes machte mit der Hand langsame, kreisende Bewegungen.

»Ich könnte fast dein Vater sein, fast«, sagte ich.

»Aber du bist es nicht.«

Agnes zog die Hand zurück und drehte sich zu mir. »Glaubst du an ein Leben nach dem Tod?«

»Nein«, sagte ich, »alles wäre irgendwie … sinnlos. Wenn es danach weiterginge.«

»Als ich ein Kind war, nahmen meine Eltern mich jeden Sonntag mit in die Kirche«, sagte Agnes, »aber ich habe von Anfang an nie daran glauben können. Obwohl ich es mir manchmal gewünscht habe. Wir hatten eine Sonntagsschullehrerin, eine kleine, hässliche Frau, die irgendeine Behinderung hatte. Einen Klumpfuß, glaube ich. Einmal erzählte sie uns, wie sie als Kind ihren Schlüssel verloren hatte. Ihre Eltern waren bei der Arbeit, und sie konnte nicht ins Haus. Da habe sie gebetet, und Gott habe ihr gezeigt, wo der Schlüssel gewesen sei. Sie habe ihn auf dem Nachhauseweg von der Schule verloren. Ich habe dann auch manchmal gebetet, aber immer angefangen mit ›Lieber Gott, wenn es dich gibt‹. Viel öfter habe ich mir selbst Aufgaben gestellt. Wenn ich es schaffe, eine Viertelstunde auf einem Bein zu stehen oder mit geschlossenen Augen hundert Schritte weit zu gehen, dann geschieht, was ich will. Und manchmal zünde ich noch heute eine Kerze an, wenn ich eine Kirche besuche. Für die Verstorbenen. Obwohl ich nicht daran glaube. Ich habe als Kind immer gedacht, warum hat die Frau einen Klumpfuß, wenn Gott sie liebt. Das war natürlich ungerecht.«

»Vielleicht gibt es eine Art ewiges Leben«, sagte ich und schloss das Klappfenster. Die leisen Nachtgeräusche von draußen verstummten, und die Enge des Raums um uns wurde spürbar. »In irgendeiner Form leben wir alle nach unserem Tod weiter. In der Erinnerung anderer Menschen, von unseren Kindern. Und in dem, was wir geschaffen haben.«

»Schreibst du deshalb Bücher? Weil du keine Kinder hast?«

»Ich will nicht ewig leben. Im Gegenteil. Ich möchte keine Spuren hinterlassen.«

»Doch«, sagte Agnes.

»Komm«, sagte ich, »gehen wir zurück ins Bett. Es ist noch zu früh.«

… 6 …

Als ich wieder erwachte, war es schon fast Mittag. Agnes schlief noch. Sie lag auf dem Rücken und hatte die Decke bis zur Nase hochgezogen. Als ich aufstand, wurde sie wach, und als ich unter der Dusche stand, kam sie ins Badezimmer, lehnte sich an das Waschbecken und sagte: »Ich kann gar nicht glauben, was wir diese Nacht gemacht haben, dabei machen es jede Sekunde Millionen von Menschen überall auf der Welt.«

Agnes schloss sich im Badezimmer ein, um zu duschen. Als sie fertig angekleidet herauskam, fragte ich sie, ob sie sich vor mir schäme.

»Nein«, sagte sie, »ich schließe immer ab, auch wenn ich allein zu Hause bin. Bei meinen Eltern gab es keinen Badezimmerschlüssel. Manchmal sind sie auf die Toilette gegangen, während ich duschte.«

Ich rasierte mich, und Agnes ging nach unten in den Laden, um Toastbrot und Orangensaft zu kaufen.

»Der Verkäufer hat mich angestarrt«, sagte sie, als sie zurückkam. »Er muss sich daran erinnert haben, dass er uns beide gestern Abend zusammen gesehen hat. Als ich bezahlt habe, hat er sich die Lippen geleckt und mir zugeblinzelt.«

Ich kochte Kaffee und Eier und toastete das weiche Brot. Beim Frühstück fragte Agnes nach meinen Büchern. Ich zeigte sie ihr. Sie blätterte in ihnen und meinte, es sei schade, dass sie kein Deutsch verstünde.

»Zigarren und Fahrräder interessieren dich bestimmt brennend«, sagte ich.

»Ich würde gern lesen können, wie du schreibst. Die Sätze sind lang, nicht wahr?«

Ich schämte mich ein wenig für die magere Ausbeute meines bisherigen Lebens. Ich zeigte Agnes ein kleines Buch mit Kurzgeschichten, das ich vor vielen Jahren veröffentlicht hatte, und erzählte ihr von einigen literarischen Projekten, die ich in der Schublade hätte. Tatsächlich hatte ich vor Jahren einen Roman zu schreiben angefangen, war aber nie über die ersten fünfzig Seiten hinausgekommen. Agnes bat mich, dass ich ihr die Geschichte erzähle, und während ich versuchte, das Wenige, woran ich mich noch erinnerte, zusammenzufassen, kam es mir plötzlich lächerlich vor, in meinem Alter noch solche Ideen zu haben.

»Ich schreibe nicht mehr daran«, sagte ich, »seit Jahren nicht mehr. Man muss sich irgendwann klarwerden …«

»Du hättest nicht aufgeben sollen, der Anfang klingt interessant.«

»Ich habe es nie geschafft, meine Stoffe zu beherrschen. Es blieb immer alles künstlich. Ich habe mich an meinen eigenen Worten berauscht. Es war, wie wenn man singt und nicht mehr auf die Worte hört, nur noch auf die Melodie. Wie in diesen italienischen Opern, die niemand versteht.«

Wir aßen schweigend.

»Warum hast du deine Bücher mit nach Chicago genommen?«, fragte Agnes. »Liest du in ihnen?«

»Nein, ich schaue sie nie an. Selten.«

»Weißt du noch alles, was darin steht? Verstehst du etwas von Zigarren?«

»So ungefähr. Wenn ich die Bücher in die Hand nehme, dann nicht, um etwas nachzulesen. Sie erinnern mich an die Zeit, in der ich sie geschrieben habe. Sie sind eine Art verschlüsseltes Gedächtnis. Bei Luxuseisenbahnwagen werde ich immer an dich denken und an Chicago.«

»Das klingt, als hätten wir uns schon getrennt.«

»Verzeih, so habe ich das nicht gemeint.«

»Meine Dissertation wird auch in die Bibliothek kommen«, sagte Agnes. »Ich mag den Gedanken, dass alle, die sich irgendwann mit den Symmetrien der Symmetriegruppen befassen, auf meinen Namen stoßen werden.«

Wir gingen zusammen zur Bibliothek.

»Kennst du Stonehenge?«, fragte Agnes unterwegs.

»Ich war einmal da«, sagte ich. »Es war schrecklich. Eine Autostraße führt direkt daran vorbei, und das ganze Gelände ist ein riesiger Rummelplatz. Die Steine sieht man kaum vor lauter Souvenirständen.«

»Ich war nie da, aber ich habe eine Theorie gelesen. Von einer Frau. Den Namen habe ich vergessen. Sie meint, die Steine hätten keine astrologische oder mythologische Bedeutung, sondern seien von den prähistorischen Menschen aufgestellt worden, nur um eine Spur zu hinterlassen, ein Zeichen zu setzen. Weil sie sich fürchteten, in der Natur unterzugehen, zu verschwinden. Sie wollten etwas hinterlassen, um zu zeigen, dass jemand da gewesen ist, dass dort Menschen gelebt haben.«

»Ziemlich aufwendig, nur für ein Zeichen.«

»Die Pyramiden auch, vielleicht auch der Sears Tower … Warst du schon einmal in den Wäldern hier?«

»Nein. Ich habe die Stadt noch nie verlassen.«

»Sie sind ohne Ende. Alle Bäume sind gleich hoch. Man verirrt sich, wenn man den Weg verlässt. Man könnte verschwinden und würde nie mehr gefunden.«

»Irgendwann kommt überall jemand vorbei«, sagte ich.

»Ich war als Mädchen bei den Pfadfindern«, erzählte Agnes. »Mein Vater wollte es unbedingt, obwohl ich es hasste. Mit all den anderen Mädchen zusammen. Einmal musste ich mit in ein Lager in die Catskills. Wir lebten da in Zelten und gruben uns ein Loch als Toilette. Wir bauten eine Seilbrücke, und eines der Mädchen fiel herunter, die Tochter unseres Nachbarn. Ich hatte sie immer gehasst. Sie war eine schlechte Schülerin, aber sie war geschickt mit den Händen und half meinem Vater oft im Garten. Er behandelte sie, als sei sie seine Tochter, und sagte immer, so ein Mädchen hätte er gerne gehabt. Wir glaubten zuerst, der Sturz habe ihr nichts gemacht. Jennifer hieß sie. Dann, nach zwei oder drei Tagen, lag sie am Morgen einfach tot im Zelt. Es war grauenhaft. Alle schrien, und eine der Leiterinnen musste zu Fuß zum nächsten Dorf. Dann kamen Männer mit einer Tragbahre und brachten Jennifer weg. Und wir fuhren mit dem Bus zurück, und den ganzen Weg heulten die anderen. Nur ich nicht. Ich war nicht froh, dass Jennifer gestorben war, aber ich war auch nicht traurig. Und ich freute mich, dass ich heim durfte. Nachher waren alle wütend auf mich, als habe ich sie umgebracht. Mein Vater war am schlimmsten. Ich hatte ihn nie vorher weinen sehen. Ich glaube, er hätte weniger geweint oder gar nicht, wenn ich gestorben wäre.«

… 7 …

Ich fuhr für fünf Tage nach New York, um mir einige Bücher zu beschaffen, die ich in Chicago nicht hatte finden können. Seit ich Agnes kannte, arbeitete ich wieder intensiver. Allein zu wissen, dass sie da war, dass ich sie treffen würde, trieb mich voran. Obwohl ich über Luxuseisenbahnwagen schrieb, hatte ich aus Sparsamkeit einen Sitzplatz zweiter Klasse gebucht. Der Nachtzug war fast voll, und ich war froh, dass der Platz neben mir leer blieb. Aber schon beim zweiten Halt, in South Bend, setzte sich eine unförmig dicke Frau neben mich. Sie trug einen dünnen Strickpullover mit aufgesticktem Nikolaus und roch nach altem saurem Schweiß. Ihr weiches Fleisch quoll über die Armlehne zwischen uns, und sosehr ich mich auch gegen die Seitenwand des Wagens drückte, es war mir nicht möglich, ihrer Berührung auszuweichen. Ich stand auf und ging in den Barwagen weiter vorn im Zug.

Ich trank ein Bier. Draußen wurde es langsam dunkel. Die Landschaft, durch die wir fuhren, hatte etwas Ungefähres, Ungenaues. Als wir durch einen Wald kamen, konnte ich mir vorstellen, was Agnes gemeint hatte, als sie sagte, man könne in diesen Wäldern spurlos verschwinden. Dann und wann kamen wir an Häusern vorbei, die nicht allein standen und doch kein Dorf bildeten. Auch hier, dachte ich, könnte man verschwinden, ohne jemals wiedergefunden zu werden. Ein junger Mann sprach mich an. Er sei Masseur, erzählte er, und fahre nach Hause zu seinen Eltern in New York. Er erzählte mir von seiner Arbeit, begann dann über Magnetismus und Auratherapie oder etwas Ähnliches zu reden. Ich stand neben ihm, schaute aus dem Fenster und versuchte, nicht hinzuhören. Als er mir anbot, mich zu einem Freundschaftspreis zu massieren, ging ich in meinen Wagen zurück. Die dicke Frau hatte sich zur Seite gedreht und brauchte noch mehr Platz. Sie war eingeschlafen und atmete vernehmbar. Ich kletterte über sie hinweg und drückte mich in meinen Sessel. In der Sitztasche vor ihr steckte ein Buch: *What Good Girls Don't Do.* Vorsichtig zog ich es heraus und blätterte darin. In der Mitte des Buches fand ich schematische Zeichnungen von Geschlechtsorganen und zwei Diagramme, die laut Legende den Orgasmus des Mannes und jenen der Frau darstellten. Als ich das Buch zurück in die Sitztasche steckte, erwachte die Frau. Sie lächelte mich an und flüsterte: »Ich fahre zu meinem Liebsten.«

Ich nickte, und sie fuhr fort: »Wir haben uns noch nie gesehen. Er ist Algerier. Ich habe ihn durch eine Organisation kennengelernt.«

»Na dann«, sagte ich.

»Gefällt Ihnen mein Pullover? Seh ich nicht süß aus darin?«

»Er ist originell.«

»Ich muss schlafen, damit ich morgen schön und ausgeruht bin.«

Sie kicherte, drehte sich zur Seite und war bald darauf wieder eingeschlafen. Irgendwann nickte auch ich ein. Als ich aufwachte, dämmerte es draußen. Der Zug fuhr an einem breiten Strom entlang. Ich ging in den Speisewagen und bestellte Kaffee. Kurz darauf kam meine Sitznachbarin herein.

»Darf ich?«, fragte sie und setzte sich mir gegenüber.

»Finden Sie nicht auch, dass der Zug viel bequemer ist als das Flugzeug?«

»Ja«, sagte ich und schaute aus dem Fenster.

»In sechs Stunden sind wir da«, sagte sie. »Ich kann gar nicht mehr schlafen vor Aufregung.« Sie zog ein Foto aus ihrer Tasche und zeigte es mir. »Das ist er. Er heißt Paco.«

»Sie müssen vorsichtig sein. Nicht alle Männer meinen es gut.«

»Wir schreiben uns schon seit Monaten. Er spielt Gitarre.«

»Kennen Sie niemanden sonst in New York?«

»Ich kenne Paco, das genügt«, sagte sie und sprach den Namen seltsam gespreizt und mit Nachdruck aus. Dann zog sie einen abgegriffenen Brief aus ihrer Handtasche und reichte ihn mir über den Tisch. »Lesen Sie.«

Ich las die ersten Sätze und gab ihr den Brief zurück. Paco hatte etwas über ein Foto geschrieben, das seine Geliebte ihm geschickt hatte.

»Glauben Sie, dass er mich liebt?«, fragte sie.

»Es wird schon gutgehen«, sagte ich.

Sie lächelte dankbar und sagte: »Ein Mann, der so schöne Briefe schreibt, kann kein schlechter Mensch sein.«

… 8 …

Am Sonntagvormittag kam ich aus New York zurück. Ich hatte wieder den Nachtzug genommen und rief Agnes noch vom Bahnhof aus an.

»Kommst du zu mir?«, fragte sie. »Ich muss dir etwas zeigen.«

Es war das erste Mal, dass sie mich zu sich einlud. Trotz ihrer genauen Anweisungen brauchte ich lange, um die Straße zu finden. Agnes hatte vor Aufregung rote Wangen, als sie mir die Tür öffnete. Sie strahlte und bat mich herein.

»Erst essen wir«, sagte sie, »ich bin gleich fertig. Setz dich doch.«

Während sie in der Küche hantierte, schaute ich mich im Zimmer um. Man sah, dass Agnes sich Mühe gegeben hatte, den Raum gemütlich einzurichten. In einer Nische lagen auf einer Matratze einige Plüschtiere, und am Fenster stand ein großer Schreibtisch mit einem Computer. Der runde Esstisch in der Mitte des Raumes war gedeckt und mit Blumen und Kerzen geschmückt. Auf dem Sims eines alten, zugemauerten Kamins standen Familienfotos und ein Bild von Agnes selbst im Talar, das wohl während der Abschlussfeier an ihrer Universität aufgenommen worden war. Sie blickte direkt in die Kamera, aber obwohl sie lächelte, wirkte ihr Gesicht abweisend und verschlossen.

»Da hattest du noch längere Haare«, rief ich in die Küche.

Agnes streckte den Kopf ins Zimmer und sagte: »Bei der Diplomfeier? Das hat mein Vater gemacht. Da war ich betrunken.«

»So siehst du nicht aus.«

»Ich habe keine Übung. Es dauert nur noch eine Minute. Schau dich ruhig um.«

Sie verschwand wieder in der Küche. Ich ging zum Fenster, das einen Spaltbreit offen stand. Es war Mittag. Draußen fiel leichter Nieselregen, die Straße lag verlassen da. Ich drehte mich um. Überall standen Topfpflanzen, dennoch wirkte das Zimmer unbelebt, als sei es seit Jahren von keinem Menschen betreten worden. Erst jetzt fiel mir auf, dass Agnes kaum Bücher besaß. Außer einer Reihe von Fachbüchern und Computermanuals, die ordentlich aufgereiht in einem niedrigen Regal standen, sah ich nur die *Norton Anthology of Poetry.*

An den Wänden des Zimmers hingen Drucke, eine Gebirgslandschaft von Ludwig Kirchner und ein abstoßendes Theaterplakat.

»Mörder, Hoffnung der Frauen«, sagte Agnes, die mit einer Schüssel aus der Küche gekommen war. Sie sagte es auf Deutsch, und es war seltsam, sie in meiner Sprache sprechen zu hören. Ihre Stimme wirkte anders als sonst, rauer und älter. »Das Plakat ist von Oskar Kokoschka«, sagte sie wieder auf Englisch.

»Weißt du, was es bedeutet?«, fragte ich.

Agnes nickte. »Ich weiß, was es heißt, aber ich weiß nicht recht, was es bedeuten soll.«

»Ich auch nicht.«

»Da habe ich Herbert kennengelernt«, sagte Agnes und zeigte auf das Foto, »bei der Diplomfeier. Das war vor drei Jahren. Er arbeitete für eine Catering Firma.«

»Ist er Kellner?«, fragte ich.

»Schauspieler«, sagte Agnes. »Meine Eltern waren extra aus Florida gekommen. Sie hätten bei mir übernachten können, aber mein Vater bestand darauf, in ein Hotel zu gehen. Er wolle mir keine Mühe machen, sagte meine Mutter. Sie hat ihn immer entschuldigt. Als er merkte, dass Herbert mit mir flirtete, wurde er wütend. Er führte sich auf wie ein Idiot, mäkelte herum und wollte, als sie gingen, unbedingt, dass ich mit ihnen fahre. Da war ich schon ziemlich betrunken und müde und wäre eigentlich gern nach Hause gegangen. Aber er hatte mich den ganzen Abend lang so wütend gemacht, dass ich nur ihm zuleide blieb und Herbert vor ihm fragte, ob er nach dem Essen mit mir tanzen wolle. Es gab eine Band bei der Feier, aber ich musste eine ganze Weile warten, bis Herbert mit seiner Arbeit fertig war. Mein Vater machte mir eine Szene und nannte mich ein Flittchen. Kannst du dir das vorstellen? Und meine Mutter weinte sogar, als sie endlich gingen.«

»Und?«, sagte ich.

»Ich glaube, ich war ein bisschen verliebt«, sagte Agnes, »wir haben ziemlich lange getanzt. Herbert hat mich auch geküsst. Und dann nach Hause gefahren. Aber passiert ist nichts. Ich glaube, er hatte zu viel Respekt vor meinem Talar.«

»Zu viel?«, sagte ich, und Agnes lachte und blinzelte mir zu.

»Er hat seinen Job verloren, weil er den Geschäftswagen mit all dem schmutzigen Geschirr erst so spät zurückbrachte.«

»Siehst du ihn noch?«

»Er hat eine Stelle in New York gefunden. Er macht Durchsagen in einem Shopping-Center und hofft, entdeckt zu werden.«

Nach dem Essen musste ich mich neben Agnes an den

Schreibtisch setzen. Sie schaltete den Computer ein und öffnete ein Textfile.

»Lies«, sagte sie.

Ich begann zu lesen, aber kaum hatte ich die ersten Sätze überflogen, unterbrach sie mich und sagte: »Siehst du, ich habe auch eine Geschichte geschrieben. Ich möchte mehr schreiben. Wie findest du es?«

»Lass mich erst lesen«, sagte ich. Aber sie war zu gespannt, um ruhig neben mir zu sitzen.

»Ich geh und mache uns einen Kaffee.«

Ich las.

Ich muss gehen. Ich stehe auf. Ich verlasse das Haus. Ich fahre mit dem Zug. Ein Mann starrt mich an. Er setzt sich neben mich. Er steht auf, als ich aufstehe. Er folgt mir, als ich aussteige. Wenn ich mich umdrehe, kann ich ihn nicht sehen, so nahe ist er mir. Aber er berührt mich nicht. Er folgt mir. Er spricht nicht. Er ist immer bei mir, bei Tag und in der Nacht. Er schläft mit mir, ohne mich zu berühren. Er ist in mir, er füllt mich aus. Wenn ich in den Spiegel schaue, sehe ich nur ihn. Ich erkenne meine Hände nicht mehr, meine Füße nicht. Meine Kleider sind zu klein, meine Schuhe drücken, mein Haar ist heller geworden, meine Stimme dunkler. Ich muss gehen. Ich stehe auf. Ich verlasse das Haus.

Ich hatte den Text schnell und oberflächlich gelesen. Ich war ungeduldig. Verlegen lächelnd kam Agnes aus der Küche zurück. Wir setzten uns wieder an den Esstisch. Die Kerzen waren beinahe heruntergebrannt.

»Und?«, sagte sie.

»Kaffee?«, fragte ich. Ich hatte keine Lust, ihren Text zu

beurteilen, und nahm es ihr übel, dass sie mich dazu zwang. Als sie sich entschuldigte und mir Kaffee eingoss, schämte ich mich.

»Schau«, begann ich. Ich hielt ihren erwartungsvollen Blick nicht aus, nahm meinen Kaffee und trat ans Fenster. »Schau, man setzt sich nicht einfach hin und schreibt in einer Woche einen Roman. Ich schreibe ja auch keine Computerprogramme.«

»Es ist doch nur eine kurze Geschichte«, verteidigte sich Agnes.

»Ich kann sie nicht beurteilen«, sagte ich, »ich will es nicht. Ich bin kein Schriftsteller.«

Agnes schwieg, und ich schaute hinaus auf die Straße.

»Du musst nicht«, sagte sie.

»Sie kommt mir vor wie eine mathematische Formel«, sagte ich, »wie wenn du irgendwo im Kopf eine Unbekannte X gehabt hättest, die es zu finden gilt. Die Geschichte wird immer enger, wie ein Trichter. Und irgendwann ist das Resultat null.«

Ich redete noch eine Weile so dahin und glaubte wohl selbst an das, was ich sagte. Es ging schon lange nicht mehr um die Geschichte. Vielleicht war sie wirklich nicht gut, sicher aber war sie besser als alles, was ich in den letzten zehn Jahren geschrieben hatte.

»Du liest ja nicht einmal«, sagte ich schließlich, »du hast ja keine Bücher. Wie willst du schreiben, wenn du nicht liest?«

Agnes schnitt stumm den Apfelkuchen auf, den sie für mich gebacken hatte.

»Magst du Eis dazu?«, fragte sie, ohne mich anzublicken. Wir aßen.

»Der Kuchen ist gut«, sagte ich.

Agnes stand auf und ging zum Computer. Auf dem Bildschirm waren Sterne zu sehen, Lichtpunkte, die vom Zentrum nach außen wanderten. Als Agnes die Maus berührte, erschien wieder ihre Geschichte. Sie drückte ein paar Tasten, und der Text verschwand.

»Was machst du?«, fragte ich.

»Ich habe ihn gelöscht«, sagte sie, »vergessen. Gehen wir spazieren?«

Wir gingen durch das Viertel. Es hatte aufgehört zu regnen, aber die Straßen waren noch nass. Agnes zeigte mir, wo sie ihre Lebensmittel einkaufte, wo sie ihre Wäsche wusch, das Restaurant, wo sie oft zu Abend aß. Ich versuchte, mir vorzustellen, wie es war, in diesen Straßen zu Hause zu sein, aber es gelang mir nicht.

Agnes sagte, sie wohne gern hier, sie fühle sich wohl in diesem Viertel, auch wenn es nicht besonders schön sei und obwohl sie niemanden kenne. Als wir in ihre Wohnung zurückkehrten, holte sie aus einem Schrank einen Stapel kleiner trüber Glasplatten.

»Das ist meine Arbeit«, sagte sie.

Auf den ersten Blick schienen die Platten gleichmäßig trübe zu sein, aber als ich genauer hinschaute, sah ich im grauen Nebel winzige Punkte in regelmäßigen Abständen. Auf jeder Platte bildeten die Punkte andere Muster.

»Das sind Röntgenbilder von Kristallgittern«, sagte Agnes. »Die wirklichen Anordnungen der Atome. Ganz tief in fast allem ist Symmetrie.«

Ich gab ihr die Platten zurück. Sie trat ans Fenster und hielt sie einzeln gegen das Licht.

»Das Geheimnisvolle ist die Leere in der Mitte«, sagte sie, »das, was man nicht sieht, die Symmetrieachsen.«

»Aber was hat das mit uns zu tun?«, fragte ich. »Mit dem Leben, mit dir und mir? Wir sind asymmetrisch.« »Asymmetrien haben immer einen Grund«, sagte Agnes. »Es ist die Asymmetrie, die das Leben überhaupt erst möglich macht. Der Unterschied zwischen den Geschlechtern. Dass die Zeit nur in eine Richtung läuft. Asymmetrien haben immer einen Grund und eine Wirkung.«

Ich hatte Agnes noch nie mit so viel Begeisterung reden gehört. Ich umarmte sie. Sie hielt die Diapositive schützend in die Höhe und sagte: »Pass auf, sie sind zerbrechlich.«

Trotz ihrer Warnung nahm ich Agnes auf die Arme und trug sie zur Matratze. Sie stand noch einmal auf, um die Bilder in Sicherheit zu bringen, aber dann kam sie zurück, zog sich aus und legte sich neben mich. Wir liebten uns, und dann war es draußen dunkel geworden. Ich blieb die Nacht über bei ihr.

Gegen Morgen weckten mich Klopfgeräusche in den Heizungsrohren. Ich richtete mich auf und sah, dass auch Agnes wach war.

»Da gibt jemand Klopfsignale«, sagte ich.

»Das ist eine Dampfheizung, keine Klimaanlage wie bei dir. Die Rohre dehnen sich durch die Hitze aus und machen diese Geräusche.«

»Stört dich das nicht? Bei dem Lärm kann man ja nicht schlafen.«

»Nein, im Gegenteil«, sagte Agnes. »Es gibt mir das Gefühl, nicht allein zu sein, wenn ich nachts aufwache.«

»Du bist nicht allein.«

»Nein«, sagte Agnes, »jetzt nicht.«

… 9 …

»Ich habe nachgedacht«, sagte Agnes, als wir uns einige Tage später wieder trafen. Es war der Abend des dritten Juli, und wir spazierten am Ufer des Lake Michigan entlang. In Chicago beginnt die Feier zum Unabhängigkeitstag bereits am Vorabend mit Feuerwerk und Musik. Im Grant Park hatte es von Menschen gewimmelt, aber hier, etwas weiter nördlich, war die Uferpromenade fast leer. Wir setzten uns auf die Kaimauer und schauten hinaus auf den See.

»Warum hast du aufgehört zu schreiben«, fragte Agnes, »richtig zu schreiben?«

»Ich weiß nicht. Ich hatte nichts zu sagen. Oder ich war nicht gut genug. Ich habe einfach irgendwann aufgehört.«

»Hast du keine Lust, wieder anzufangen?«

»Lust? Lust reicht nicht … Warum fragst du? Möchtest du einen berühmten Freund?«

»Freund«, sagte Agnes, »das klingt seltsam.« Sie zog die Beine hoch und stützte das Kinn auf die Knie.

»Ich hatte das Gefühl, du warst eifersüchtig, als ich dir meine Geschichte gezeigt habe.«

»Es tut mir leid, wirklich, ich war nicht gerecht. Ich habe mich geärgert.«

»Schon gut. Du hast mir doch dieses Buch mit Kurzgeschichten gezeigt.«

»Das Buch wurde hundertsiebenundachtzigmal verkauft.«

»Das spielt keine Rolle. Aber du kannst Geschichten schreiben. Komm, wir gehen heim.«

Als wir aufstanden und zurückgingen, hatte es schon zu dämmern begonnen. Die Wolkenkratzer der Innenstadt verschmolzen im Gegenlicht miteinander und wirkten wie ein einziges riesiges Gebäude, wie eine dunkle Burg.

Unten am Strand hatte eine Gruppe von Hispanics, vielleicht eine Familie, ein Feuer angezündet und feierte. Agnes nahm meinen Arm.

»Könntest du nicht eine Geschichte über mich schreiben?«, fragte sie.

Ich lachte, und sie lachte mit.

»Wenn du unsterblich werden willst, musst du dir einen Berühmteren suchen.«

»Zweihundert Exemplare sind genug. Sogar wenn es nicht gedruckt wird. Es wäre wie ein Porträt. Du hast die Fotos von mir gesehen. Es gibt kein einziges gutes Bild von mir. Auf dem man mich sieht, wie ich bin.«

»Soll ich ein Gedicht über dich machen?«, fragte ich. *»So long as men can breathe, or eyes can see, so long lives this, and this gives life to thee.«*

»Kein Gedicht«, sagte Agnes, »eine Geschichte.«

Wir waren zurück zum Doral Plaza gekommen. Der kleine Laden hatte geschlossen.

»Bist du jemals die Treppe hinaufgegangen?«, fragte Agnes.

»Nein«, sagte ich, »warum sollte ich?«

»Woher weißt du dann, dass du wirklich in der siebenundzwanzigsten Etage wohnst?«

Wir gingen die Feuertreppe hinauf und zählten die Stockwerke. Das Treppenhaus war eng und gelb gestrichen. Als wir im zwanzigsten Stockwerk stehen blieben, um uns auszuruhen, hörten wir weit entfernt Schritte. Wir hielten den Atem an, aber die Schritte hörten plötzlich auf, eine Tür schlug zu, und es war wieder still.

»Ich mag Fahrstühle nicht«, sagte Agnes, »man verliert den Boden unter den Füßen.«

»Ich finde sie äußerst praktisch«, sagte ich und ging weiter, »stell dir vor ...«

»Ich möchte nicht so weit oben wohnen«, sagte Agnes und folgte mir, »es ist nicht gut.«

Wie erwartet, fanden wir meine Wohnung im siebenundzwanzigsten Stock. Erschöpft ließ ich mich aufs Sofa fallen. Agnes holte sich ein Glas Wasser und brachte mir ein Bier.

»Ich habe nie Geschichten über lebende Personen geschrieben«, sagte ich, »am Anfang bin ich vielleicht von jemandem ausgegangen, den ich kannte. Aber in der Geschichte selbst muss man frei sein. Alles andere ist Journalismus.«

Agnes setzte sich neben mich.

»Und die Geschichten, die du geschrieben hast, hatten nichts mehr mit den Personen zu tun, von denen du ausgegangen warst?«

»Doch«, sagte ich, »mit dem Bild, das ich mir von ihnen gemacht hatte. Vielleicht zu sehr. Meine damalige Freundin trennte sich von mir, weil sie sich in einer der Geschichten wiedererkannt hatte.«

»Wirklich?«, fragte Agnes.

»Nein«, sagte ich, »wir haben uns auf diese Version geeinigt.«

Agnes dachte nach.

»Schreib eine Geschichte über mich«, sagte sie dann, »damit ich weiß, was du von mir hältst.«

»Ich weiß nie, was dabei herauskommt«, sagte ich, »ich habe keine Kontrolle darüber. Vielleicht wären wir beide enttäuscht.«

»Mein Risiko«, sagte Agnes, »du musst nur schreiben.« Ich war verliebt, und es sprach nichts dagegen, ein paar Tage zu opfern und eine Geschichte zu schreiben. Agnes' Eifer hatte mich neugierig gemacht, und ich war gespannt, ob das Experiment gelingen würde, ob ich überhaupt noch fähig war, Geschichten zu schreiben.

»Komm, wir fangen gleich an«, sagte Agnes, »eine Liebesgeschichte mit dir und mir.«

»Nein«, sagte ich, »nicht wir. Ich schreibe die Geschichte. Und vorher möchte ich mir das Feuerwerk anschauen.«

Agnes sagte, sie interessiere sich nicht für das Feuerwerk und ob ich nicht gleich mit dem Schreiben beginnen könne. Ich nahm ein Blatt Papier und schrieb.

Am Abend des dritten Juli gingen wir auf die Dachterrasse und schauten uns gemeinsam das Feuerwerk an.

Der Lift fuhr bis ins vierunddreißigste Stockwerk, von da aus führte eine schmale Treppe aufs Dach. Der Boden war mit Holzrosten belegt, die von der Sonne und vom Regen fast schwarz geworden waren. Wir gingen an die Brüstung und schauten hinunter. Tief unten sahen wir Autos vorüberfahren und winzige Menschen, die sich durch den Abendverkehr bewegten. Auch den See konnten wir von hier aus sehen und den Grant Park, wo Dutzende von Feuern brannten.

»All die Menschen«, sagte Agnes. »Sie wissen nicht, dass wir sie beobachten.«

»Es macht keinen Unterschied, ob sie es wissen.«

»Sie könnten sich verstecken«, sagte Agnes. »Weißt du, wann das Feuerwerk beginnt?«

»Ich weiß nicht. Wenn es dunkel genug ist. Frierst du?«

»Nein«, sagte sie und legte sich auf eine der Holzbänke, die auf der Terrasse standen. »Bist du oft hier oben?«

Ich setzte mich neben sie. »Am Anfang kam ich fast jeden Tag hier herauf. Jetzt nicht mehr oft. Eigentlich nie mehr.«

»Warum?«, fragte Agnes. »Man kann die Sterne sehen.«

Dann begann das Feuerwerk. Agnes stand auf, und wir gingen miteinander wieder an die Brüstung, obwohl die Raketen weit über uns explodierten und wir sie genauso gut von der Mitte des Daches aus hätten sehen können.

»Wie lange ist die Schweiz schon unabhängig?«, fragte Agnes.

»Ich weiß es nicht«, sagte ich, »das ist schwer zu sagen.«

... 10 ...

Als wir wieder in die Wohnung kamen, war uns kalt. »Jetzt musst du mit der Geschichte anfangen«, sagte Agnes.

»Gut«, sagte, ich, »du musst mir Modell sitzen.«

Wir gingen ins Arbeitszimmer. Agnes setzte sich in den Korbstuhl am Fenster, und als solle sie fotografiert werden, strich sie sich die Haare aus dem Gesicht, zupfte am Kragen ihrer Bluse und lächelte mich an. Ich setzte mich an den Computer und schaute sie an. Wieder erstaunten mich trotz des Lächelns der Ernst in ihrem Gesicht und ihr Blick, dessen Sprache ich nicht verstand.

»Wie möchtest du denn aussehen?«, fragte ich.

»Es muss schon stimmen«, sagte sie. »Aber nett soll es sein. Du hast dich ja schließlich in mich verliebt, nicht wahr?«

Ich schrieb.

Ich sah Agnes zum ersten Mal in der Chicago Public Library im April dieses Jahres.

»Was hast du geschrieben?«, fragte sie.

Ich las ihr den Satz vor, und sie war zufrieden.

»Du musst mir nicht Modell sitzen«, sagte ich, »ich wollte dich nur wieder einmal in aller Ruhe anschauen.«

»Es macht mir nichts aus«, sagte Agnes.

»Aber ich kann gar nicht schreiben, wenn du so dasitzt und mich beobachtest. Machst du uns einen Kaffee?«

Agnes ging in die Küche. Als sie zurückkam, las ich ihr vor, was ich geschrieben hatte.

Ich sah Agnes zum ersten Mal in der Chicago Public Library im April dieses Jahres. Sie fiel mir gleich auf, als sie sich im Lesesaal mir gegenüber setzte. Ihre linkischen Bewegungen passten nicht recht zum schlanken, fast zerbrechlichen Körper. Ihr Gesicht war schmal und bleich, ihr Haar fiel dunkel auf ihre Schultern. Unsere Blicke trafen sich für einen Moment, und ich sah ihre erstaunten blauen Augen. Als sie den Lesesaal verließ, folgte ich ihr. Auf der Treppe vor der Bibliothek trafen wir uns wieder, und ich lud sie ein zu einer Tasse Kaffee.

Unser Gespräch entwickelte sich seltsam rasch. Wir sprachen über Liebe und Tod, noch bevor wir unsere Namen kannten. Sie hatte strenge Ansichten. Mein Zynismus reizte sie, und wenn sie aufgeregt war, wurde sie rot und wirkte noch verletzlicher als sonst.

Agnes ärgerte sich. »Das brauchst du wirklich nicht so zu schreiben.«

»Soll ich oder soll ich nicht? Es war deine Idee.«

»Ich wurde als Kind immer rot. Und in der Schule haben sie mich ausgelacht und gehänselt deswegen. Mein Vater ertrug es nicht, dass ich ausgelacht wurde.«

»Und du?«

»Man gewöhnt sich daran. Ich habe viel gelesen. Und ich war gut in der Schule.«

»Soll ich es streichen?«

»Ja, bitte. Ist es unbedingt nötig, dass du von meiner Kindheit schreibst? Es ist doch nur eine Geschichte. Kann ich nicht einfach in der Bibliothek auftauchen, wie ich bin? So wie ich jetzt bin?«

»Gut«, sagte ich, »du wirst aus meinem Kopf neu geboren wie Athene aus dem Kopf von Zeus, weise, schön und unnahbar.«

»Ich will nicht unnahbar sein«, sagte Agnes und küsste mich auf den Mund.

… 11 …

In den folgenden Wochen vernachlässigte ich die Luxuseisenbahnwagen. Ich schrieb nun an Agnes' Geschichte, schrieb, wie alles gewesen war, und wenn wir uns trafen, las ich ihr die neuen Kapitel vor.

Ich war erstaunt, wie vieles Agnes und ich anders erlebt oder anders in Erinnerung hatten. Oft konnten wir uns nicht darauf einigen, wie etwas genau gewesen war, und auch wenn ich mich mit meiner Version meistens durchsetzte, war ich mir nicht immer sicher, ob Agnes nicht vielleicht doch recht hatte.

So konnten wir uns zum Beispiel lange nicht einigen, in welchem Restaurant wir zum ersten Mal zusammen gegessen hatten. Agnes behauptete, es sei im indischen, ich, es sei im chinesischen Restaurant gleich gegenüber gewesen. Ich glaubte sogar, mich daran zu erinnern, was ich gegessen hatte. Aber schließlich fiel Agnes ein, dass sie die Verabredung in ihren Taschenkalender notiert hatte, und der Eintrag bewies, dass ich im Unrecht war.

Manches, was ich ausführlich beschrieb, empfand sie als belanglos. Anderes, was ihr wichtig war, kam in der Geschichte gar nicht vor oder nur kurz, wie die tote Frau, die wir an jenem Abend vor dem Restaurant gefunden hatten. Ich erwähnte den Vorfall, schrieb aber nichts weiter darüber, nicht, dass wir später die Geschichte der Frau erfahren hatten und sogar bei ihrer Beerdigung gewesen waren. Agnes hatte großen Anteil an ihr genommen und den Angehörigen der Toten mehrmals geschrieben.

Herbert erwähnte ich nicht in der Geschichte, und Agnes meinte, ich sei eifersüchtig, und schien sich darüber zu freuen. Die wenigen Male, die wir auf ihn zu sprechen kamen, wich sie meinen Fragen aus oder gab nur vage Antworten. Über ihre Kindheit sprach sie ungern, erzählte nur manchmal – wenn sie guter Laune war – die eine oder andere Episode und hörte jedes Mal so unerwartet wieder auf, wie sie begonnen hatte. Mein Text war schon viel zu lang geworden, als ich spät im August endlich die Gegenwart erreichte.

Es war lange regnerisch gewesen, als Anfang September ein kühler, aber trockener Wind von Norden her über den See wehte und die Wolken vertrieb. Wir hatten beschlossen, den Tag draußen zu verbringen. Agnes war nach Hause gegangen, um sich umzuziehen, und als sie zurückkam, rief sie mich von unten aus der Eingangshalle an, damit wir nicht noch mehr Zeit verlören. Sie wartete in einem der schwarzen Ledersessel und wirkte seltsam fremd. Sie trug dunkelblaue Knickerbocker, ein weißes T-Shirt und schwere Schuhe, die aussahen, als seien sie noch nie getragen worden.

»Wir gehen in einen Park«, sagte ich, »nicht ins Hochgebirge.«

»Es ist ein Wald, kein Park«, sagte Agnes. »Ich habe gemeint, wir wollen wandern.«

»Ja schon«, sagte ich, und als Agnes skeptisch auf meine Halbschuhe blickte: »Ich kann stundenlang gehen in diesen Schuhen.«

Im Park gab es viele Kanäle und Seen, und wir gingen nie lange, bis wir uns wieder irgendwo ans Wasser setzten und redeten. Ich sagte Agnes, sie sehe heute anders aus als sonst, und sie sagte, sie habe ihren Pony geschnitten. Dann musste ich sie festhalten, damit sie sich über das Wasser des kleinen Sees beugen und ihr Spiegelbild betrachten konnte.

»Ist es schlimm?«, fragte sie.

»Ich glaube nicht, dass das der Grund ist.«

Wir hatten eine Decke mitgebracht und Sandwiches, und am späten Nachmittag legten wir uns auf einer kleinen Lichtung in die Sonne. Nachdem wir gegessen hatten, schlief Agnes ein, aber ich war nicht müde und setzte mich auf, um zu rauchen. Die Sonne schien flach durch die Bäume und warf Lichtflecken auf Agnes' ruhenden Körper. Ich schaute sie an und erkannte sie nicht. Ihr Gesicht erschien mir wie eine unbekannte Landschaft. Die geschlossenen Augen waren zu zwei Hügeln geworden, die sich in den flachen Kratern der Augenhöhlen wölbten, die Nase war ein feiner Grat, der gleichmäßig emporstieg, um dann breit gegen den Mund hin abzufallen. Ich bemerkte zum ersten Mal die flaumigen Mulden seitlich der Augen, die Rundung des Kinns und der Wangen. Das ganze Gesicht schien mir fremd, unheimlich, und doch war es mir, als sähe ich es wirklicher als jemals zuvor, unmittelbar. Obwohl ich Agnes nicht berührte, hatte ich das beängstigende und zugleich berauschend schöne Gefühl, sie wie eine zweite Haut einzuhüllen, ihren ganzen Körper auf einmal dicht an mir zu spüren.

Ich bewegte mich nicht. Die letzten Sonnenstrahlen waren von der Wiese verschwunden, und es wurde kühler. Agnes' Mund verzog sich unwillig, und ihre Stirn wellte sich einen Augenblick lang. Dann erwachte sie. Ich legte mich neben sie und drückte sie an mich.

»Was hast du?«, fragte sie und schaute mir erstaunt in die Augen.

Ich wich ihrem Blick aus, aber ich ließ sie nicht los, drückte sie noch fester an mich und küsste ihren Hals und ihr Gesicht. Sie lächelte.

»Ich hatte ein seltsames Gefühl«, sagte ich, »dass ich dir ganz nahe sei.«

»Und bist du es noch?«, fragte sie.

Ich antwortete nicht, und auch Agnes sagte nichts mehr und hielt mich nur fest, als fürchte sie, ich entferne mich wieder von ihr. Später sagte ich zu ihr, dass ich sie liebe, aber es genügte nicht, und weil ich nicht wusste, wie sonst ich das Gefühl beschreiben sollte, schwieg ich wieder, und wir sprachen den ganzen Abend kaum.

... 12 ...

Meine Liebe zu Agnes hatte sich verändert, war nun anders als alles, was ich früher gekannt hatte. Ich fühlte eine fast körperliche Abhängigkeit, hatte das demütigende Gefühl, nur ein halber Mensch zu sein, wenn sie nicht da war. Während ich in früheren Beziehungen immer viel Zeit für mich alleine beansprucht hatte, konnte ich Agnes nicht oft genug sehen. Seit unserer Wanderung im Park dachte ich dauernd an sie und kam nur noch wirklich zur Ruhe, wenn sie bei mir war und ich sie anschauen, sie berühren konnte. Wenn sie aber bei mir war, fühlte ich mich wie berauscht, und meine ganze Umgebung, die Luft, das Licht, schienen mir schmerzhaft deutlich und nah, und selbst die Zeit wurde konkret und spürbar in ihrem Vergehen. Ich hatte zum ersten Mal in meinem Leben das Gefühl, etwas dringe von außen in mich ein, etwas Fremdes, Unverständliches.

Ich begann, Agnes zu beobachten, und merkte erst jetzt, wie wenig ich sie kannte. Mir fielen die kleinen Rituale auf, die sie scheinbar unbewusst zelebrierte. Wenn wir zusammen essen gingen und der Kellner oder die Kellnerin gedeckt hatte, rückte Agnes jedes Mal das Besteck zurecht. Wurde das Essen gebracht, hob sie den Teller mit beiden Zeigefingern kurz in die Höhe, balancierte ihn eine halbe Sekunde, als suche sie seinen Schwerpunkt, und stellte ihn wieder hin.

Sie berührte nie fremde Menschen und vermied es, von ihnen berührt zu werden. Gegenstände jedoch berührte sie unentwegt. Sie streifte mit der Hand Möbelstücke und Gebäude, an denen sie vorüberging. Kleinere Gegenstände tastete sie oft richtiggehend ab, als könne sie sie nicht sehen. Manchmal roch sie auch an ihnen, aber wenn ich sie darauf hinwies, schien sie es nicht bemerkt zu haben.

Wenn sie las, war sie so sehr in den Text versunken, dass sie nicht antwortete, wenn ich sie ansprach. Dann flackerten Andeutungen von Gefühlen, Echos des Gelesenen über ihr Gesicht. Sie lächelte oder presste die Lippen aufeinander. Manchmal seufzte sie oder runzelte ärgerlich die Stirn.

Agnes schien zu bemerken, dass ich sie beobachtete, aber sie sagte nichts. Ich glaube, sie freute sich darüber. Manchmal erwiderte sie meine erstaunten Blicke lächelnd, aber ohne Eitelkeit.

Wenige Tage nach unserem Ausflug an den See stieß ich in der Geschichte in die Zukunft vor. Jetzt war Agnes mein Geschöpf. Ich fühlte, wie die neugewonnene Freiheit meine Phantasie beflügelte. Ich plante ihre Zukunft, wie ein Vater die Zukunft seiner Tochter plant. Sie würde eine brillante Doktorarbeit schreiben und erfolgreich sein an der Universität. Wir würden glücklich miteinander werden. Ich ahnte schon, dass Agnes in meiner Geschichte irgendwann zum Leben erwachen würde und dass sie dann kein Plan davon abhalten könnte, ihre eigenen Wege zu gehen. Ich wusste, dass dieser Augenblick kommen musste, wenn die Geschichte etwas taugen sollte, und so erwartete ich ihn gespannt, freute mich darauf und fürchtete mich zugleich davor.

Wir hatten uns einige Tage nicht gesehen, aber ich hatte dauernd an Agnes gedacht und an der Geschichte weitergeschrieben. Als mein Verleger mich anrief, um sich nach dem Fortschritt meiner Arbeit zu erkundigen, vertröstete ich ihn und behauptete, ich hätte Schwierigkeiten, gewisse Dokumente aufzutreiben. Er sagte, er habe das Buch für den Herbst des kommenden Jahres in das Verlagsprogramm eingeplant, und ich versprach, das Manuskript bis Weihnachten abzuliefern. Kaum hatte ich aufgelegt, rief ich Agnes an und lud sie zu mir ein.

»Du kommst im dunkelblauen Kleid«, sagte ich.

»Wie meinst du das?«, fragte sie erstaunt.

»Ich habe die Gegenwart überholt«, sagte ich, »ich weiß schon, was geschehen wird.«

Sie lachte.

Wirklich trug Agnes das blaue kurze Kleid, als sie am nächsten Tag zu mir kam. Es war kühl, und es regnete, aber sie sagte: »Befehl ist Befehl«, und lachte nur, als ich mich entschuldigte.

»*Wir gingen ins Wohnzimmer, und Agnes umarmte und küsste mich lange, als habe sie Angst, mich zu verlieren*«, zitierte ich. Und wie ich es geschrieben hatte, umarmte mich Agnes, nur lachte sie dabei und hatte keine Angst. Ich machte mich los und ging in die Küche, um das Essen fertig zuzubereiten.

»Kann ich helfen?«, fragte sie.

»Nein«, sagte ich. »*Agnes saß im Wohnzimmer und hörte meine CDs, während ich das Abendessen kochte.*« Ich hatte eine Flasche Champagner gekauft, obwohl keiner von uns sich viel daraus machte.

»Warum so feierlich?«, fragte Agnes.

»*Es war ein ganz besonderer Tag für uns. Ich hatte beschlossen* … Aber erst wollen wir essen.«

»Das ist gemein«, sagte sie, »erst machst du mich neugierig, und dann …«

»Es tut mir leid«, sagte ich, »wir reden erst nach dem Essen darüber.«

Wir sprachen über anderes, aber ich merkte, dass Agnes gespannt war, was passieren würde. Sie aß schneller als sonst, und als wir fertig waren, räumten wir den Tisch nicht ab und ließen das schmutzige Geschirr stehen. Ich setzte mich aufs Sofa und zog ein Blatt Papier aus der Tasche.

»Komm«, sagte ich, aber Agnes setzte sich auf einen Stuhl beim Fenster.

»Erst will ich wissen, was ich zu tun habe«, sagte sie, »ich möchte keine Fehler machen.«

Von meinem Platz aus konnte ich ihr Gesicht nicht sehen. Ihre Stimme klang seltsam kühl.

»Fang an«, sagte sie, »lies!«

»Wir saßen nebeneinander auf dem Sofa«, las ich und wartete einen Moment. Aber Agnes rührte sich nicht, und ich fuhr fort: *»Agnes lehnte sich mit dem Rücken an mich. Ich küsste ihren Nacken. Ich hatte lange über diesen Augenblick nachgedacht, aber als ich sprechen wollte, hatte ich alles vergessen. Also sagte ich nur: ›Willst du zu mir ziehen?‹«* Ich hielt inne, wartete und schaute Agnes an. Sie sagte nichts.

»Und?«, fragte ich.

»Was sagt sie?«, fragte sie.

Ich las weiter: *»Agnes setzte sich auf und schaute mir ins Gesicht. ›Meinst du das wirklich?‹, fragte sie. ›Natürlich‹, sagte ich.* Ich wollte dich schon lange fragen. Aber ich habe gedacht ... du bist so selbständig ...«

Agnes stand auf und kam zum Sofa. Sie setzte sich neben mich und sagte: »Meinst du, dass das gutgeht?«

»Ja«, sagte ich, »als wir am See waren ... wir waren uns so nahe, und seitdem fühle ich mich oft allein in dieser Wohnung. Könntest du hier wohnen? Ich meine ... wir hätten mehr Platz als bei dir.«

»Ja«, sagte sie. »Ja. Ist es gut so? Bist du zufrieden?« Sie lachte wieder und sagte: »Zeig, wie es weitergeht.« Sie nahm mir das Blatt aus der Hand, las und sagte entrüstet: »Dankbar? Warum soll ich dir dankbar sein?«

Sie boxte mich in die Rippen.

»Es war nur ein Spaß«, sagte ich, »ich habe es wieder gelöscht.«

»Da, das gefällt mir schon besser«, sagte sie. »*Wir tranken Champagner. Dann liebten wir uns, und um Mitternacht gingen wir hinauf aufs Dach und schauten uns die Sterne an.*«

Es regnete in jener Nacht, und wir sahen die Sterne nicht. In ihrem kurzen Kleid holte sich Agnes auf dem Dach eine Erkältung. Ende September aber zog sie bei mir ein. Der Vertrag für ihre Wohnung lief noch bis zum nächsten Frühjahr, und so ließ sie den größten Teil ihrer Sachen dort und brachte nur zwei Koffer mit Kleidern, ihr Cello und einige persönliche Dinge mit.

... 14 ...

Jeden Morgen fuhr Agnes nun mit der Hochbahn zur Universität. Ich stand erst auf, wenn sie gegangen war, ging in mein Stammcafé, um die Zeitung zu lesen, und war kurz vor Mittag zurück in der Wohnung. Agnes aß in der Universität. Ich schrieb am Nachmittag oder ging in die Bibliothek, um Nachforschungen anzustellen.

Unser Leben war ruhig, unsere Tage glichen einander, und wir waren zufrieden. Wir hatten uns schnell aneinander gewöhnt. Ich machte den größten Teil der Hausarbeit, kochte für Agnes und wusch ihre Sachen. Das Schreiben trat für einige Zeit in den Hintergrund. Ohne große Lust suchte ich noch immer Material für mein Eisenbahnbuch zusammen. Als mich mein Verleger wieder anrief, bat ich ihn, den Ablieferungstermin für das Manuskript hinauszuschieben. Erst beklagte er sich und sagte, das bringe sein ganzes Herbstprogramm durcheinander. Aber ich sagte, ich hätte seit Jahren keine richtigen Ferien gemacht und ich brauchte etwas Erholung, damit das Buch auch wirklich gut werde. Schließlich willigte er ein und meinte sogar, eigentlich sei es ihm ganz recht, Eisenbahnbücher verkauften sich im Frühling ohnehin besser als im Herbst.

Auch an Agnes' Geschichte schrieb ich kaum mehr weiter. Manchmal spielten wir noch das Spiel jenes Abends. Dann schrieb ich am Computer ein paar Szenen und sagte Agnes, was sie zu tun habe, und spielte selbst meine Rolle. Wir trugen dieselben Kleider wie in der Geschichte, machten wie meine Figuren einen Ausflug in den Zoo oder gingen ins Museum. Aber wir waren beide keine guten Schauspieler, und unser gleichmäßiges Leben eignete sich nicht dazu, beschrieben zu werden.

»Es muss etwas passieren, damit die Geschichte interessanter wird«, sagte ich endlich zu Agnes.

»Bist du nicht glücklich, so wie wir es haben?«

»Doch«, sagte ich, »aber Glück macht keine guten Geschichten. Glück lässt sich nicht beschreiben. Es ist wie Nebel, wie Rauch, durchsichtig und flüchtig. Hast du jemals einen Maler gesehen, der Rauch malen konnte?«

Wir gingen ins Art Institute of Chicago und suchten, ob wir ein Nebel- oder Rauchbild fänden oder ein Bild von glücklichen Menschen. Vor Seurats *Un dimanche après-midi à l'île de la Grande Jatte* blieben wir lange stehen. Seurat hatte keine glücklichen Menschen gemalt, aber das Bild strahlte eine Ruhe aus, die dem, was wir suchten, am nächsten kam. Es zeigt ein Flussufer an einem Sonntagnachmittag. Spaziergänger sind da, und hier und da auf der Wiese, zwischen den Bäumen, ruhen sich Menschen aus.

Als wir näher traten, zerfiel das Bild vor unseren Augen in ein Meer von kleinen Punkten. Die Konturen verschwammen, die Flächen flossen ineinander. Die Farben auf dem Bild waren nicht gemischt, sondern zusammengesetzt wie auf einem Gobelin. Es gab kein reines Weiß und Schwarz. Jede Fläche enthielt alle Farben und wirkte erst aus der Distanz als Ganzes.

»Das bist du«, sagte ich und zeigte auf ein junges Mädchen, das im Mittelgrund des Bildes auf der Wiese saß und einen Blumenstrauß in der Hand hielt. Es saß aufrecht, aber es hielt den Kopf gesenkt, um die Blumen zu betrachten. Neben ihm lagen ein Hut und ein Sonnenschirm, die es nicht brauchte, da es im Schatten war.

»Nein«, sagte Agnes, »ich bin das Mädchen im weißen Kleid. Und du bist der Affe.«

»Ich bin der Mann mit der Trompete«, sagte ich, »aber niemand hört mir zu.«

»Alle hören dich«, sagte Agnes. »Man kann die Ohren nicht schließen.«

Wir gingen in das Lokal, das nach eigenen Angaben den besten Cheesecake Chicagos serviert, aber Agnes war nicht zufrieden mit dem Kuchen und sagte, sie werde mir einen besseren backen, mit Rosinen.

»Glück malt man mit Punkten, Unglück mit Strichen«, sagte sie. »Du musst, wenn du unser Glück beschreiben willst, ganz viele kleine Punkte machen wie Seurat. Und dass es Glück war, wird man erst aus der Distanz sehen.«

... 15 ...

Der zweite Montag im Oktober war Columbus Day, und wir nutzten das verlängerte Wochenende, um aus der Stadt herauszukommen. Ich hatte vorgeschlagen, nach New York zu fahren, aber Agnes sagte, sie wolle eine Wanderung machen, eine richtige Wanderung diesmal. Ich war einverstanden, und weil die Wetterprognose gut war, entschlossen wir uns, mein kleines Zelt mitzunehmen und zu kampieren. Auf der Karte fanden wir einen Nationalpark, nicht weit von Chicago entfernt. Wir mieteten ein Auto und fuhren früh am Freitagmorgen in Richtung Süden.

Agnes hatte sich von ihrem Professor eine Videokamera ausgeliehen, und schon während ich fuhr, filmte sie wahllos aus dem Fenster. Vor Indianapolis wurde der Verkehr dichter. Jetzt fuhr Agnes, und ich wollte sie am Steuer filmen.

»Lass«, sagte sie, »sonst machst du sie kaputt. Mein Professor bringt mich um. Es ist sein Lieblingsspielzeug.«

»Ich mache sie schon nicht kaputt«, sagte ich, »sonst bist du ja nie im Bild.«

»Du schreibst, und ich filme«, sagte Agnes.

Wir seien zu früh für den *Indian Summer*, sagte der Aufseher am Eingang des Nationalparks und empfahl uns für unsere Wanderung ein Gebiet, das seit fünfzig Jahren Wildnis war. Anfang des Jahrhunderts hätten dort noch Bauern gelebt, sagte er, aber während der Wirtschaftskrise in den dreißiger Jahren seien sie in Massen emigriert, und der Staat habe das Gebiet aufgekauft und zur Wildnis erklärt.

»Wie kann man das?«, fragte Agnes.

»Wir überlassen es sich selbst«, sagte der Aufseher, »in wenigen Jahren hat die Natur sich alles zurückgeholt. Die

Zivilisation ist nur eine dünne Haut, die sofort reißt, wenn man sie nicht mehr pflegt.«

Agnes filmte das kleine Pförtnerhaus und den Parkaufseher, wie er mir auf der Karte den Weg erklärte. Er winkte ab und lachte in die Kamera, und Agnes lachte auch. Dann sagte er, wir sollten vorsichtig sein, und gab uns eine Broschüre über giftige Pflanzen und wilde Tiere. Viele Leute unterschätzten die Gefahren, sagte er, die Natur verstehe keinen Spaß.

»Warum hast du den Parkaufseher gefilmt und nicht mich«, fragte ich, als wir über eine schmale Waldstraße in das Innere des Parks fuhren.

»Er ist ein Zeuge«, sagte Agnes.

Nach einigen Meilen Fahrt kamen wir zu einem Parkplatz und stellten den Wagen ab. Es war schon fast Mittag, als wir endlich losgingen. Wir wanderten stundenlang durch waldiges Gebiet. Manchmal glaubten wir, auf Wegen zu sein, dann endeten die Spuren plötzlich, und wir gingen nach dem Kompass quer durch den Wald.

»Wir sollten Zweige knicken«, sagte Agnes, »damit wir zurückfinden.«

»Wir gehen nicht zurück«, sagte ich, »nicht diesen Weg.«

Von Zeit zu Zeit kamen wir an Ruinen von Farmen vorbei, an Orten, wo die Bäume jünger schienen und weniger dicht beieinander standen. Als es dämmerte, kamen wir über einen Hügel und sahen unter uns den See, an dem wir kampieren wollten. Aber es dauerte noch fast eine Stunde, bis wir endlich das Ufer erreichten.

Die Sonne war untergegangen, und es war kühl geworden. Dicht am See war der Boden sandig, und dort stellten wir das Zelt auf. Dann sammelten wir Fallholz, das im

Wald überall auf dem Boden lag. In wenigen Minuten hatten wir einen großen Stoß beisammen.

»Ich mache Feuer«, sagte Agnes, »das hat mir mein Vater beigebracht.«

Sie stellte einige Äste zu einer Pyramide zusammen, schob eine Handvoll Reisig darunter und sagte: »Ein Streichholz.«

Wirklich schaffte sie es, das Feuer mit einem Streichholz anzuzünden. Ich kochte Suppe auf meinem kleinen Benzinkocher. Wir setzten uns auf eine der Liegematten und aßen und schauten auf den See hinaus. Er lag dunkel und ruhig da. Nur manchmal hörten wir, wie ein Fisch sprang, und einmal, weit entfernt, ein Flugzeug vorüberfliegen.

Obwohl wir dicht beim Feuer saßen, fror Agnes. Sie hole ihren Schlafsack, sagte sie und ging zum Zelt. Sie wurde unsichtbar, sobald sie aus dem Lichtkreis des Feuers trat. Dann hörte ich ein Stöhnen und ein Geräusch. Ich sprang auf und fand Agnes nur wenige Meter von mir entfernt am Boden liegen. Jetzt, mit dem Licht im Rücken, konnte ich sie deutlich sehen. Mit seltsam verrenkten Beinen lag sie auf dem feuchten Sand. Ich hob sie hoch, fiel fast hin dabei und trug sie zur Liegematte. Selbst im warmen Licht des Feuers schienen ihr Gesicht und ihre Lippen kreidebleich. Ich schob meine Hand unter ihren dicken Wollpullover und fühlte ganz schwach ihren Herzschlag. Ihre Stirn war feucht und kalt. Ich setzte mich neben sie, wiederholte immer wieder ihren Namen und streichelte ihren Kopf.

Ich hatte panische Angst. Wir mussten Stunden vom nächsten bewohnten Haus entfernt sein, und jetzt, in der Nacht, wäre es unmöglich gewesen, im Wald den Weg zu finden. Ich holte die Feldflasche und träufelte etwas Wasser in Agnes' leicht geöffneten Mund. Sofort fiel mir ein, wie dumm es war, einer Bewusstlosen Wasser einzuflößen, und ich zog sie hoch zu mir und schüttelte sie. Schlaff und schwer lag sie in meinen Armen. Dann endlich spürte ich, wie sich ihr Körper gegen das Schütteln wehrte und wie sie langsam wieder zu sich kam.

»Bin ich in Ohnmacht gefallen?«, fragte sie.

»Ich habe gemeint, du seist …«, sagte ich, »es sei dir etwas geschehen.«

»Mein Kreislauf«, sagte sie, »vielleicht habe ich nicht genug gegessen. Es ist nichts.«

Ich wollte sie zum Zelt tragen, aber sie weigerte sich und sagte, sie sei nicht krank. Sie sagte nicht mehr viel an diesem Abend, nur dass sie müde sei und dass es ihr bessergehe.

Als ich am nächsten Morgen aufwachte, war Agnes schon wach. Sie sagte, ihr sei übel und ob ich ihr nicht etwas Wasser bringen könne. Nachdem sie das Wasser getrunken hatte, fühlte sie sich besser und war ganz zufrieden. Sie streckte sich gähnend in ihrem Schlafsack, und ich kniete neben ihr und schaute sie an. Erst jetzt sah ich, dass ihr Gesicht vom gestrigen Sturz zerkratzt war.

»Du siehst aus wie eine Wilde«, sagte ich, und sie packte mich mit beiden Armen um den Hals und zog mich zu sich herunter.

»Komm ein bisschen in meinen Schlafsack und mach mich gesund«, sagte sie.

Es war kalt im Zelt, und unser Atem dampfte, aber wir froren nicht. Wir hatten beide Schlafsäcke geöffnet und einen unter, den anderen über uns gelegt.

»Bist du sicher, dass niemand in der Nähe ist?«, fragte Agnes.

Dann traf die Sonne das Zelt, und es wurde ganz hell darin und schnell wärmer. Als wir endlich ins Freie krochen, war es so warm, dass Agnes sich auszog und sich im kalten Wasser des Sees wusch. Und dann liebten wir uns noch einmal, draußen auf dem sandigen Ufer, und Agnes wusch sich noch einmal, und auch ich musste mich waschen, denn ich war voller Sand.

»Man ist viel nackter unter freiem Himmel«, sagte ich.

»Aber man könnte so leben«, sagte Agnes, »nackt und ganz nah an allem.«

»Hast du keine Angst mehr, in der Natur unterzugehen? Zu verschwinden?«

»Nein«, sagte sie und spritzte mich an, »heute nicht.«

Wir verließen den See und gingen weiter durch den Wald. Wir kamen in ein langgezogenes Tal, wo wir auf alte, verrostete Eisenbahngleise stießen. Auf dem ehemaligen Bahndamm kamen wir gut voran. Das Tal weitete sich, und links und rechts des Gleises standen die Ruinen einiger Holzhäuser. Wir liefen zwischen den Häusern herum.

»Wie lange, glaubst du, dauert es, bis man keine Spuren mehr sieht?«, fragte Agnes.

»Ich weiß es nicht. Es wird alles überwuchert, aber darunter bleibt immer etwas. Scherben, Draht.«

Die Türen der Häuser waren mit Brettern vernagelt, an denen Schilder vor dem Betreten warnten. Als wir in einen kleinen Schuppen traten, dessen eine Wand eingestürzt war, flatterte ein großer Vogel laut zeternd an uns vorbei ins Freie. Auf dem Boden lagen die morschen Bretter der eingestürzten Wand. Hinten im Schuppen, dort wo er an die Rückwand eines Hauses stieß, lag ein Haufen trockenes Laub. Daneben ein Kreis von rußigen Steinen, eine kleine Feuerstelle. Überall auf dem Boden lagen leere, rostige Büchsen und einige zerbrochene Flaschen.

»Meinst du, dass hier noch jemand wohnt«, fragte Agnes.

»Die Büchsen sehen ziemlich alt aus. Aber nicht fünfzig Jahre alt. Vielleicht waren es Wanderer wie wir.«

»Vielleicht leben noch Menschen in diesem Gebiet, von denen niemand etwas weiß. Es muss schwierig sein, das alles zu kontrollieren.«

»Man würde den Rauch sehen, im Winter. Von einem Flugzeug aus.«

»Ich möchte nicht hier übernachten«, sagte Agnes. »Ich hätte immer das Gefühl, in einem fremden Haus zu sein.

Von unserer Generation wird nur der Schmutz zurückbleiben.«

Am Rande der verlassenen Siedlung fanden wir eine zerfallene Kirche. Dahinter lag ein kleiner Friedhof. Hier standen die Bäume schon fast wieder so dicht wie im Wald, der sich gleich hinter dem Friedhof den Hügel hinaufzog. Die meisten Grabsteine lagen ohne Ordnung umgekippt auf dem waldigen Boden. Wir entzifferten einige Namen und Lebensdaten.

»Die Toten wissen nicht, dass das Dorf verlassen wurde«, sagte Agnes.

»Willst du nicht filmen?«, fragte ich.

»Nein«, sagte sie, »man filmt nicht auf einem Friedhof.«

Sie lehnte sich an einen Baumstamm.

»Stell dir vor, in wenigen Wochen liegt hier Schnee, und dann kommt für Monate niemand hierher, und alles ist ganz still und verlassen. Es heißt, zu erfrieren sei ein schöner Tod.«

Wir gingen weiter, gingen den ganzen Tag lang und gingen auch am nächsten Tag. Der Himmel hatte sich bewölkt, und wir waren froh, als wir am frühen Nachmittag des dritten Tages endlich wieder zum Parkplatz kamen. Während der Heimfahrt schlief Agnes. Kurz nach Indianapolis begann es zu regnen, und es regnete noch immer, als wir Chicago erreichten.

… 17 …

Einige Tage lang hatte es geregnet, und wir glaubten schon, der Winter sei nun endgültig gekommen, als es noch einmal warm wurde. Es roch nach Sommer, und die Stadt lag in goldenem Licht. Agnes war in der Universität, und ich ging in den Grant Park. Ich hatte Brote mitgenommen und aß sie auf einer Bank. Dann spazierte ich bis zum Planetarium und zurück. Ich hatte eine warme Jacke angezogen, und als ich in die Wohnung zurückkam, schwitzte ich und war schläfrig. Ich kochte mir einen Kaffee, aber ich wurde nicht wach davon, nur unruhig. Dennoch setzte ich mich an den Computer. Das gleißende Licht der Sonne blendete mich. Ich schloss die Rollläden. Die Klimaanlage summte monoton. Ich schrieb.

An einem Sonntag im November gingen wir in den Lincoln Park Zoo, unten am See. Es war einer jener warmen Tage, die einen in Chicago bis spät im Jahr überraschen können. Eine Zeitlang schauten wir uns die Tiere an.

»Eigentlich mag ich den Zoo nicht. Er macht mich traurig«, sagte Agnes. »Ich war schon so lange nicht mehr hier, dass ich es vergessen habe.«

Wir schlenderten weiter durch die Anlage, aber die Tiere schauten wir uns kaum mehr an. Als es Mittag wurde, setzten wir uns auf eine Bank. Wir hatten Brote mitgebracht und eine Thermosflasche mit Tee, aber wir hatten vergessen, Becher einzupacken. Als Agnes aus der Flasche trank, verschüttete sie etwas Tee auf ihren Pullover. Sie lachte, und ich wischte den Fleck mit meinem Taschentuch trocken. Wir schauten uns an und umarmten uns stumm.

»Willst du mich heiraten?«, fragte ich.

»Ja«, sagte sie ganz selbstverständlich, und auch ich war nicht erstaunt über meine plötzliche Frage.

Ich wusste nicht, wie ich fortfahren sollte. Da ich noch immer müde war, legte ich mich aufs Sofa und versuchte, die Geschichte weiterzudenken. Ich dachte daran, wie ich Agnes mein Land zeigen würde, wie wir gemeinsam in den Bergen wandern würden. Ich versuchte, mir unsere Wohnung vorzustellen, die Möbel und Bilder, die wir zusammen auswählen und kaufen würden, und wie es klingen würde, wenn Agnes ihre ersten deutschen Sätze sprach.

Es war kein Traum. Ich lenkte meine Gedanken selbst. Alles, was ich mir vorstellte, wurde sogleich lebendig. Es war, als ginge ich durch einen Hohlweg, den ich nicht verlassen konnte. Versuchte ich es dennoch, so spürte ich Widerstand, als sei ein fremder Wille da, eine Art elastischer Fessel, die mich hinderte, wenn ich in die falsche Richtung ging.

Ich sah Agnes in einem engen Treppenhaus stehen, ohne zu wissen, wo wir waren und wie wir hierhergekommen waren. Die kahlen Betonwände waren gelb gestrichen, und Licht kam nur von Neonröhren über den Treppenabsätzen. Agnes lehnte in einer Ecke und schaute mich zugleich ängstlich und wütend an.

Dann sagte sie: »Ich wollte dich nie heiraten. Du machst mir Angst.«

Ich bewegte mich langsam auf sie zu. »Du hast mich nie geliebt«, sagte ich, »immer hast du an diesen Herbert gedacht, wenn wir zusammen waren.«

Agnes drückte sich an der Wand entlang zur Treppe, ohne mich aus den Augen zu lassen.

»Du bist verrückt!«, schrie sie mich an. »Du bist krank.«

Ich wollte mich schneller bewegen, aber etwas hinderte mich daran. Agnes hatte die Treppe erreicht, drehte sich um und rannte davon, hinauf. Sofort verlor ich sie aus den Augen und hörte nur noch ihre Schritte und meinen Atem, der unnatürlich laut war. Es war mir, als atme ich zugleich ein und aus. Ich lief die Treppe hinauf, sie schien kein Ende zu nehmen. Dann hörte ich eine Tür zuschlagen, die ich kurz darauf erreichte. Sie hatte keine Klinke. Ich presste mein Ohr gegen das kalte Metall und hörte Agnes ganz nahe flüstern: »Du bist tot.«

Ich hatte die ganze Zeit über die Augen nicht geschlossen, das Zimmer um mich herum war zu einem verschwommenen Bild geworden. Irgendetwas riss mich in die Realität zurück, und ich stand auf und ging ins Arbeitszimmer zurück, um zu schreiben, was ich gesehen hatte. Jetzt spürte ich bei jedem Satz, ob Agnes einverstanden war oder nicht. Obwohl ich wusste, dass es eine Traumfigur war, die mich führte, deprimierten mich ihre Worte. Ich hatte in Wirklichkeit nie daran gedacht, Agnes zu fragen, ob sie mich heiraten wolle, aber ich bildete mir ein, ihre Gefühle unbewusst erraten zu haben.

… 18 …

Zu Halloween, dem letzten Tag im Oktober, veranstaltet die Universität jedes Jahr einen Umzug. Agnes hatte mir oft davon erzählt, von den Kostümen, die sie in früheren Jahren getragen hatte, und von der wilden Party, die anschließend in der Aula stattfand. Schon vor Wochen hatte sie mit ihren Kolleginnen vom Streichquartett begonnen, Kostüme zu nähen. Sie wollten sich als Elfen verkleiden. Ich habe seit jeher eine Abneigung gegen Masken und Verkleidungen, und so war ich froh, als ich eine Einladung zur Halloween-Party von Amtrak, der größten amerikanischen Bahngesellschaft, erhielt und eine Entschuldigung hatte, nicht am Umzug teilzunehmen. Agnes war enttäuscht.

»Ich bin auf die Hilfe von Amtrak angewiesen«, sagte ich, »und wenn sie mich einladen, kann ich nicht gut absagen.«

»Aber ich habe dich schon vor Monaten eingeladen«, sagte Agnes.

»Wir können ja sonst immer zusammen sein«, sagte ich, »ich bleibe nur so lange wie unbedingt nötig. Nachher komme ich zur Party in die Universität.«

»Da kannst du selber schauen, wie du mich findest. Mein Kostüm kriegst du vor dem Umzug jedenfalls nicht zu sehen.«

Agnes war mir noch immer böse, als sie am Abend von Halloween die Wohnung verließ. Das Kostüm hatte sie in eine Sporttasche gestopft. Ich sagte, sie solle sich darunter warm anziehen, die Nacht werde kalt. Aber sie antwortete nicht, auch nicht, als ich sagte, ich werde bestimmt vor Mitternacht in der Uni sein.

Die Halloween-Party bei Amtrak war nichts Besonderes. Aber als ich draußen den Umzug vorbeiziehen hörte, war ich froh, nicht dort unten in dem Trubel zu sein. Ich trat auf den Balkon und versuchte zu erraten, in welchem Kostüm Agnes steckte. Es gab unzählige Hexen und Skelette, Monster und Vogelscheuchen. Manche hatten sich mit Leuchtfarben bemalt oder gingen auf Stelzen.

»So stellen sie sich das Böse vor«, sagte eine Frau, die neben mich auf den Balkon getreten war. Sie sprach mit einem leichten französischen Akzent und sagte in spöttischem Ton: »Diese Geister kommen nicht aus der Unterwelt, die kommen aus dem Vorabendprogramm.«

»Sie sind nicht von hier?«, fragte ich.

»Nein, bewahre«, sagte sie lachend, »schauen Sie nur, wie sie sich benehmen.«

Unten auf der Straße hatte eine Gruppe von Skeletten eine wilde Polonaise begonnen und schoss kreuz und quer durch die Zuschauer, die kreischend beiseitesprangen. Dann sah ich eine Gruppe von Frauen in Kostümen aus weißem Tüll und goldenen Bändern. Die Frauen trugen glitzernde Halbmasken. Obwohl sie im Durcheinander kaum zu sehen waren, bildete ich mir ein, eine von ihnen bewege sich wie Agnes, habe denselben etwas steifen Gang.

»Ich habe Masken schon als Kind nicht gemocht«, sagte ich und trat einen Schritt zurück.

»Schauen Sie die Bräute dort unten«, sagte die Frau, »Wollstrumpfhosen und weißer Tüll, der Traum eines jeden Bräutigams.«

»Ich glaube, es sind Elfen«, sagte ich.

»Das erkennt man wohl an den Wollunterhosen«, sagte die Frau. »Mir tun die amerikanischen Männer leid.«

»Nicht alle tragen wollene Unterwäsche«, sagte ich.

»Ah, habe ich etwas Falsches gesagt? Haben Sie eine kleine Freundin hier? Kommen Sie, wir gehen hinein. Es ist zu kalt hier draußen.«

Die Frau trat in den Saal zurück. Ich schaute den Elfen nach und war jetzt ganz sicher, dass Agnes unter ihnen war. Dann folgte ich der Frau, die an der offenen Tür auf mich wartete.

»Wie Kinder«, sagte sie. »Darf ich mich vorstellen? Ich heiße Louise. Von der Pullman Leasing.«

Louise erzählte, sie sei die Tochter eines französischen Kornhändlers und einer Amerikanerin. Sie lebe seit fünfzehn Jahren in Chicago, habe hier studiert und arbeite in der Public-Relations-Abteilung der Pullman Leasing, einer Firma, die Güterwagen vermietete. Sie habe sich noch immer nicht an die Mentalität der Leute hier gewöhnt, sagte sie, obwohl sie ihr halbes Leben in den Vereinigten Staaten verbracht habe.

»Es sind Wilde«, sagte sie immer wieder, »dekadente Wilde.«

Wir sprachen über Europa und Amerika, über Paris und die Schweiz. Dann erzählte ich Louise von meinem Buch, und sie sagte, ich solle doch einmal bei ihr in der Firma vorbeischauen. Die Waggonfabrik Pullman sei die Muttergesellschaft der Pullman Leasing gewesen, und im Archiv gebe es sicher Dokumente, die ich in der öffentlichen Bibliothek nicht finden würde. Ich dankte ihr und versprach zu kommen. Als ich die Party nach Mitternacht verließ, gab sie mir ihre Karte und schrieb von Hand ihre private Telefonnummer darauf. Dann küsste sie mich auf die Wangen und sagte: »Ruf mich an. Ich habe mich schon lange nicht mehr so gut unterhalten.«

… 19 …

Nach der Party der Amtrak war ich zur Universität gegangen. Die Aula war zum Bersten voll, und nachdem ich mich wohl eine halbe Stunde lang vergeblich nach Agnes umgeschaut hatte, gab ich es auf und ging nach Hause.

Als Agnes irgendwann gegen Morgen in die Wohnung kam, erwachte ich. Ich war erleichtert, als ich sah, dass sie nicht das Kostüm jener Elfen trug, die ich vom Balkon aus gesehen hatte. Sie hatte Schwierigkeiten, ihr Kleid auszuziehen, aber als ich ihr helfen wollte, trat sie einen Schritt zurück und zerrte so heftig daran, dass eine Naht riss. Das Kleid glitt zu Boden, und Agnes stand leicht schwankend in hellbeiger Wollunterwäsche vor mir. Ihr Gesicht glänzte trotz der Schminke, die sie gegen ihre Gewohnheit trug.

»Schau mich nicht so an«, sagte sie, »ich bin betrunken.«

Sie ging zu Bett und verkroch sich unter der Decke. Ich legte mich neben sie und wollte sie an mich ziehen, aber sie drehte sich von mir weg und murmelte: »Lass. Ich bin todmüde.«

Am Morgen war Agnes schlecht gelaunt. Sie hatte Kopfschmerzen und klagte über Schwindel. Der Umzug war schon um zehn Uhr zu Ende gewesen, und sie hatte stundenlang auf mich gewartet. Dann hatte sie mich am Eingang des Saals entdeckt, hatte mich gerufen, aber ich hatte sie nicht gehört. Als sie sich endlich durch den Saal gekämpft hatte, war ich verschwunden. Danach hatte sie sich mit ihren Elfenkolleginnen vom Streichquartett betrunken.

»Ich habe den Umzug gesehen und habe gemeint, dich zu erkennen. Aber du warst es nicht. Der Umzug war toll.«

»Das kann nur wissen, wer mitmacht.«

Agnes lag fast den ganzen Tag im Bett und las, während ich zu arbeiten versuchte. Als es schon dämmerte, kam sie in mein Arbeitszimmer. Sie trat ans Fenster und blieb dort mit dem Rücken zu mir stehen.

»Geht es dir besser?«, fragte ich.

»Ja«, sagte sie, »ich möchte dich etwas fragen.«

Ich schaltete den Computer aus und drehte mich auf dem Stuhl zu ihr. Sie schaute noch immer aus dem Fenster. Endlich fragte sie: »Was machst du eigentlich, wenn du dein Buch fertig geschrieben hast?«

»Dann schreibe ich das nächste.«

»Aber wo?«, fragte Agnes.

»Ich weiß es nicht.«

»Was geschieht mit uns, wenn du fertig bist?«

Ich zögerte. Schließlich sagte ich: »Darüber müssen wir reden.«

»Ja«, sagte Agnes, »genau das versuche ich.«

Wir schwiegen beide. Die Klimaanlage summte ungewöhnlich laut. Ganz leise summte Agnes mit, hielt den Ton lange an und setzte jedes Mal nur kurz ab, um Atem zu holen.

»Was willst du?«, fragte ich.

»Ich denke nach … Hört das nie auf?«

»Im Sommer kühlen sie, im Winter heizen sie.«

Wir schwiegen.

Dann sagte Agnes: »Ich bin schwanger … Ich kriege ein Kind«, sagte sie. »Freust du dich?«

Ich stand auf und ging in die Küche, um mir ein Bier zu holen. Als ich zurückkam, saß Agnes auf meinem Schreibtisch und spielte mit einem Kugelschreiber. Ich setzte mich neben sie, ohne sie zu berühren. Sie nahm mir die Flasche aus der Hand und trank einen Schluck.

»Schwangere Frauen sollten keinen Alkohol trinken«, sagte ich und lachte verkrampft.

Sie boxte mich in die Schulter. »Und?«, fragte sie. »Was sagst du?«

»Nicht gerade, was ich mir vorgestellt habe. Warum? Hast du die Pille vergessen?«

»Der Arzt sagt, es kann auch mit der Pille passieren. Ein Prozent oder so der Frauen, die die Pille nehmen …«

Ich schüttelte den Kopf und sagte nichts. Agnes begann, leise zu weinen.

»Agnes wird nicht schwanger«, sagte ich. »Das war nicht … Du liebst mich nicht. Nicht wirklich.«

»Warum sagst du das? Es ist nicht wahr. Ich habe nie … nie habe ich das gesagt.«

»Ich kenne dich. Ich kenne dich vielleicht besser als du dich selbst.«

»Das ist nicht wahr.«

Als müsse ich mich selbst überzeugen, sagte ich nur: »Sie ist nicht schwanger.«

Agnes rannte ins Schlafzimmer. Ich hörte, wie sie sich aufs Bett warf und laut schluchzte. Ich folgte ihr und blieb in der Tür stehen. Sie sagte etwas, das ich nicht verstand.

»Was sagst du?«

»Es ist dein Kind.«

»Ich will kein Kind. Ich kann kein Kind gebrauchen.«

»Was soll ich tun? Was willst du denn, dass ich tue? Ich kann es nicht ändern.«

Ich setzte mich aufs Bett und legte die Hand auf ihre Schulter.

»Ich brauche kein Kind.«

»Ich brauche auch kein Kind. Aber ich bekomme eins.«

»Man kann das ändern«, sagte ich leise.

Agnes sprang auf und schaute mich an mit einer Mischung aus Ekel und Wut.

»Du willst, dass ich abtreibe?«

»Ich liebe dich. Wir müssen reden.«

»Immer sagst du, wir müssen reden. Aber du redest nie.«

»Jetzt rede ich.«

»Geh, geh weg. Lass mich. Du widerst mich an mit deiner Geschichte.«

Ich verließ das Zimmer. Ich zog mich warm an und ging nach draußen.

… 20 …

Lange wanderte ich am See entlang. Am Ende des Grant Park fand ich ein Café. Es war niemand darin zu sehen, aber als ich eintrat, kam die Kellnerin aus dem Hinterzimmer. Sie machte das Licht an und fragte mich, was ich wünsche. Sie brachte mir einen Kaffee und verschwand wieder durch die Tür hinter der Theke.

Draußen wurde es dunkler. Die Landschaft hinter den großen Scheiben wurde langsam unsichtbar, und bald sah ich nur noch mein eigenes Spiegelbild im Glas.

Vor vielen Jahren hatte ich einmal geglaubt, dass ich Vater würde. Ein Kondom war geplatzt. Ich hatte meiner damaligen Freundin nichts gesagt, aber mich wochenlang mit meiner künftigen Vaterrolle befasst. Die Beziehung, in der ich lebte, war ziemlich zerrüttet, in der Zeit der Ungewissheit jedoch ergriff mich eine neue Liebe zu jener Frau, eine zärtliche Liebe ohne den Egoismus, der mir immer wieder vorgeworfen wird. Als sich schließlich herausstellte, dass meine Freundin nicht schwanger war, war ich enttäuscht und nahm es ihr übel, als sei sie schuld daran. Kurz darauf trennten wir uns. Ich machte ihr hässliche Vorwürfe, die sie nicht verstand, die sie nicht verstehen konnte, weil sie einer anderen Frau galten, einer Frau, die nur in meinen Gedanken existierte. Später hatte ich mir nie mehr ein Kind gewünscht.

Ich wollte schreiben, aber in der Eile hatte ich vergessen, meinen Notizblock einzustecken. Ich stand auf, um die Kellnerin zu rufen und um Papier zu bitten. Als sie endlich kam, bezahlte ich und ging.

Ich zog weiter, ging in eine Bar, dann in eine andere. Mitternacht war schon vorüber, als ich zum Doral Plaza zurückkam. Der Portier war abgelöst worden, und ein Nachtportier, den ich noch nie gesehen hatte, hielt mich an und fragte, was ich wünsche.

»Ich wohne hier.«

»Welche Nummer?«

»Im siebenundzwanzigsten Stock …«

Ich hatte die Nummer meiner Wohnung vergessen und musste dem Portier meinen Namen buchstabieren. Bedächtig blätterte er die Liste der Hausbewohner durch, bis er mich endlich fand. Dann entschuldigte er sich umständlich und erklärte mir, er sei neu, er mache nur seinen Job, es hätten sich Mieter beschwert, dass Fremde sich im Haus herumtrieben.

»Spazieren gegangen?«, sagte er mechanisch. »Schrecklich kalt draußen.«

Agnes war nicht in der Wohnung. Ein Teil ihrer Kleider fehlte im Schrank, und das Cello und ihre Toilettensachen waren weg.

Ich legte mich ins Bett, ohne mich auszuziehen. Als ich aufwachte, war es hell. Das Telefon klingelte. Es war Agnes. Sie sei zu Hause, sagte sie, in ihrer Wohnung.

»Wie spät ist es? Ich habe geschlafen.«

»Ich hole meine Sachen heute Abend nach der Uni. Ich möchte nicht, dass du da bist. Ich gebe den Schlüssel beim Portier ab.«

»Und das Kind?«

»Du brauchst dich nicht darum zu kümmern. Es ist mein Kind. Ich gehe nach New York, zu Herbert, wenn es so weit ist.«

Es war schon Nachmittag. Während ich geschlafen hatte, schien Agnes alles geregelt zu haben. Ich hatte mich bei ihr entschuldigen wollen, aber nun war es zu spät. Sie hatte sich entschieden.

»Du willst kein Kind«, sagte sie, »und du kriegst kein Kind.«

Sie legte auf.

Am Abend ging ich in die Bibliothek. Ich holte irgendwelche Bücher an der Ausleihe, setzte mich in den Lesesaal und las. Ich konnte mich nicht konzentrieren und merkte, dass ich minutenlang auf dieselbe Seite starrte. Ich dachte an Agnes, daran, wie sie jetzt in meiner Wohnung war und ihre Sachen zusammenpackte. Sie hatte also Herbert angerufen. Ich hatte immer den Verdacht gehabt, dass er ihr mehr bedeutete, als sie zugab. Und dass er sie liebte, war mir schon klar gewesen, als sie von ihrer Diplomfeier erzählt hatte.

Ich ging erst nach Hause, als die Bibliothek schloss.

Die Wohnung sah aus wie vorher. Aus einem Haufen ungebügelter Kleider hatte Agnes ihre Sachen herausgesucht. Meine Hemden und T-Shirts hatte sie zusammengelegt und im Wandschrank verstaut.

... 21 ...

Einige Tage später rief ich Agnes in der Universität an. Die Sekretärin sagte, sie sei schon nach Hause gegangen. Ich versuchte es in Agnes' Wohnung. Eine Computerstimme antwortete: »*Sorry, this number has been disconnected.*« Ich wartete, aber die Stimme wiederholte nur immer denselben Satz. Ich schrieb Agnes einen Brief und schickte ihn an die Universität. Ich bekam keine Antwort.

An einem Abend, vielleicht eine Woche nach Agnes' Auszug, wartete ich in der Straße, in der sie wohnte, auf sie. Ich setzte mich in einen Coffee Shop. Von meinem Platz aus konnte ich den Eingang ihres Hauses sehen. Agnes kam zur gewohnten Zeit von der Uni. Sie trug eine Papiertüte mit Einkäufen und verschwand im Haus, ohne sich umzublicken. Etwas später ging das Licht in ihrer Wohnung an. Das war alles. Ich wartete noch einige Zeit und schaute hinauf zu den erleuchteten Fenstern, bis der Kellner kam und fragte, ob ich noch irgendetwas wünsche.

»Nein«, sagte ich, bezahlte und ging.

Der November war kalt und regnerisch. Ich ging wieder in das Café in Agnes' Straße, immer häufiger, schließlich jeden Tag. Ich kaufte in den Läden in ihrem Viertel ein, brachte am Samstag meine Wäsche mit und wusch sie im Waschsalon, in dem Agnes ihre Wäsche wusch. Auch in das indische Restaurant ging ich wieder, in dem wir uns zum ersten Mal verabredet hatten. Ich hoffte nicht, Agnes an einem dieser Orte zu treffen, aber ich fühlte mich ihr dort näher.

Fast jeden Abend ging ich aus, meistens ins Kino und danach in eine Bar. Ich kam kaum mehr ins Bett, ohne betrunken zu sein. Tagsüber hielt ich es in der Wohnung nicht aus. Ich verbrachte ganze Tage in der Bibliothek, ohne zu arbeiten, bestellte mir einen Kriminalroman und setzte mich damit in den Lesesaal.

»Ist das deine Arbeit?«, fragte jemand hinter mir. Ich drehte mich um und sah Louise. Sie nahm mir das Buch aus der Hand und las mit gespieltem Erstaunen: »*Murder with Mirrors* von Agatha Christie. Du solltest *Murder on the Orient Express* lesen, darin kommen wenigstens Luxuswagen vor.«

Jemand zischte, wir sollten leise sein.

»Trinken wir einen Kaffee?«, fragte Louise unvermindert laut.

Ich folgte ihr aus dem Lesesaal und aus dem Gebäude.

»Nicht hier«, sagte ich, als sie in den Coffee Shop gehen wollte, in dem ich zum ersten Mal mit Agnes Kaffee getrunken hatte. Aber wir fanden kein anderes Lokal in der Nähe, und ich sagte, es sei schon in Ordnung, ich sei nur sentimental. Ich erzählte Louise von Agnes und dass sie mich verlassen habe. Von dem Kind sagte ich nichts.

»Ich bin nicht in der Verfassung zu arbeiten«, sagte ich.

»Agnes«, sagte sie. »Ein lustiger Name. War das deine kleine Freundin, die Amerikanerin mit der Wollunterwäsche?«

»Ja.«

»Ich glaube, ich muss mich ein wenig um dich kümmern.«

Noch am selben Abend rief Louise mich an. Ihre Eltern hätten für Thanksgiving ein kleines Mittagessen geplant. Es kämen nur Geschäftsfreunde ihres Vaters, und sie würde sich freuen, einen Tischgenossen zu haben, der über etwas anderes rede als über Kornernten und Schweinebauch. Louise lebte bei ihren Eltern in Oak Park, einem Villenvorort Chicagos. Ich sagte, ich würde kommen.

Nach dem Gespräch mit Louise hatte ich ein schlechtes Gewissen. Es war mir, als hätte ich Agnes betrogen. Vielleicht öffnete ich deshalb seit Wochen zum ersten Mal die Geschichte über sie in meinem Computer und las alles, was ich bisher geschrieben hatte. Ich war nie über jene Szene im Treppenhaus hinausgekommen, jenen Traum, in dem Agnes zu mir sagte, sie fürchte sich vor mir. Ich löschte den letzten Abschnitt und las noch einmal, wie wir uns im Zoo die Heirat versprachen. Ich schrieb.

Wir küssten uns.

Dann sagte Agnes: »Ich bekomme ein Kind.«

»Ein Kind?«, sagte ich. »Das ist nicht möglich.«

»Doch«, sagte sie.

»Warum? Hast du die Pille vergessen?«

»Der Arzt sagt, es kann auch mit der Pille passieren. Ein Prozent der Frauen, die die Pille nehmen ...«

»Es richtet sich nicht gegen dich oder das Kind. Ich will nicht, dass du denkst ...«, sagte ich, »aber ich habe Angst davor, Vater zu werden. Was kann ich einem Kind schon bieten ... ich meine nicht Geld.« Wir schwiegen. Schließlich sagte Agnes: »Dinge geschehen. Du wirst es nicht schlechter machen als die anderen. Wollen wir es nicht wenigstens versuchen?«

»Ja«, sagte ich, »wir werden es schon irgendwie schaffen.«

... 22 ...

»Frank Lloyd Wright hat etwa dreißig Häuser in Oak Park gebaut«, sagte Louises Vater. Er hatte einen stärkeren französischen Akzent als seine Tochter.

»Und Hemingway ist hier geboren«, sagte Louises Mutter. »Die Schweiz ist ein wunderbares Land. Letztes Jahr waren wir in Stanton.«

»St. Anton ist in Österreich, *chérie*«, sagte ihr Mann und wandte sich wieder an mich. »Ich höre, Sie schreiben Bücher?«

»Louise hat uns alles über Sie erzählt«, sagte die Mutter, »sie mag Sie. Und wir sind froh, wenn sie etwas zur Ruhe kommt. Unsere Männer sind so unseriös. Ich selbst habe ja auch einen Europäer geheiratet.«

Sie zwinkerte ihrem Mann zu, der entschuldigend lächelte und sagte: »Wir haben uns in Paris kennengelernt. Meine Frau war nach Europa gekommen, um sich einen Adligen zu angeln. Schließlich nahm sie mit mir vorlieb.«

»Ich hoffe, Sie mögen Truthahn«, sagte die Mutter. »Es gibt ein richtig traditionelles Thanksgiving-Essen.«

Ich war froh, als Louise kam, sich bei mir einhakte und mich von ihren Eltern wegzog.

»Ich zeige ihm den Garten«, sagte sie.

Ihre Mutter blinzelte mir zu und sagte: »Aber natürlich. Ihr jungen Leute wollt allein sein.«

Wir gingen durch den Garten. Unter einem riesigen Ahorn lag ein leuchtend blauer Pool. Auf dem Wasser schwamm trockenes Laub. Es war kalt, und wir fröstelten, aber die Sonne schien und brannte auf der Haut. Die Luft war trocken und sehr klar. Wenn man in die Baumkrone schaute, war der Himmel zwischen den tiefroten Blättern fast schwarz.

»Ich finde es immer erstaunlich, wie viel farbiger hier alles ist«, sagte ich, »das Laub der Bäume, der Himmel, sogar das Gras. Es ist in allem viel mehr Kraft als in Europa. Als sei alles noch ganz jung.«

»Der Mensch lebt und stirbt in dem, was er sieht, sagt Paul Valéry, aber er sieht nur, was er denkt«, sagte Louise ironisch.

»Ich glaube wirklich, dass die Farben hier anders sind. Vielleicht hat es mit der Luft zu tun.«

»Mein kleiner Thoreau. Sei bitte nicht naiv. Dieses Land ist so alt oder so jung wie alle anderen.«

»Aber hier habe ich das Gefühl, dass noch alles möglich ist.«

»Weil du hier keine Geschichte hast. Das Bild, das sich die Europäer von Amerika machen, hat mehr mit ihnen selbst zu tun als mit Amerika. Das gilt natürlich auch umgekehrt. Der Großvater meiner Mutter war Chefredakteur der *Chicago Tribune.* Aus einer alten englischen Familie, die ihren Stammbaum auswendig kennt, bis ins vierzehnte Jahrhundert zurück. Wenn du so willst, hat meine Familie mütterlicherseits viel mehr Geschichte als die meines Vaters. Er stammt aus einfachen Verhältnissen. Hat gut geheiratet. Und meine Mutter bildet sich etwas auf ihren Europäer ein, im Grunde genau der *selfmade man*, für den die Europäer alle Amerikaner halten.« Sie lachte.

»Was hast du deinen Eltern erzählt?«, fragte ich. »Sie behandeln mich wie ihren zukünftigen Schwiegersohn.«

»Oh, es ist nichts dabei. Sie würden mich nur gern unter der Haube sehen. Und sie sind froh, dass ich endlich einmal einen Freund habe, der einen anständigen Beruf hat. Ich habe ihnen gesagt, du bist Journalist und schreibst Bücher.«

»Deine Mutter hat mir erzählt, Hemingway sei hier geboren.«

»Ja, ich weiß. Sie liebt es, sich mit Künstlernamen zu schmücken.«

»Magst du Hemingway?«

»Ich weiß nicht«, sagte Louise. »*A Farewell to Arms* habe ich gemocht, aber ich glaube, das war wegen Gary Cooper und wegen der Musik.«

Nach dem Essen zeigte sie mir das Appartement, das ihre Eltern im oberen Stockwerk des Hauses für sie eingerichtet hatten. Dann fuhr sie mich durch das Viertel und zeigte mir, wo Frank Lloyd Wright gearbeitet hatte und wo Hemingway geboren war. Im Bookshop des Hemingway-Hauses kaufte ich *A Farewell to Arms* und schenkte es ihr.

»Du musst es lesen«, sagte ich, »es ist besser als der Film.«

»Und du musst endlich bei mir im Büro vorbeikommen, damit ich dir unser Archiv zeigen kann.«

… 23 …

Schon während meiner Vorarbeiten in der Schweiz war ich immer wieder auf den Namen George Mortimer Pullman gestoßen, aber erst in Chicago entdeckte ich, dass der legendäre Schlafwagenbauer nicht nur der Erfinder des Luxuseisenbahnwagens war, sondern mit seiner Musterstadt Pullman, südlich von Chicago, Industriegeschichte geschrieben hatte. In der kleinen Stadt, die von der Wasser- und Gasversorgung bis zur Kirche fest in der Hand des Industriellen war und die er mehr als Patriarch denn als Besitzer kontrollierte und regierte, kam es bald zu Unruhen und vor hundert Jahren zu Streiks und gewalttätigen Ausschreitungen, die in die Geschichte der amerikanischen Arbeiterbewegung eingegangen sind. Schließlich griff die Armee ein, doch es war zu spät. Pullmans Traum war zerbrochen.

Das Scheitern von Pullmans Vision und das Aufbegehren seiner Arbeiter gegen die Kontrolle ihres gesamten Lebens durch ihren Arbeitgeber faszinierten mich mehr als die legendären Wagen der Firma. Mit allem hatte Pullman gerechnet, nur nicht mit dem Bedürfnis seiner Arbeiter nach Freiheit. Er hatte geglaubt, ihnen ein Paradies gebaut zu haben. Aber das Paradies hatte keine Tür, und als die Zeiten schwerer wurden und die Arbeitsplätze knapper, fühlten sich die Arbeiter immer mehr wie Gefangene. Pullman sah seinen Irrtum nie ein und haderte bis zu seinem Tod mit der Undankbarkeit der Menschen.

Vom Archiv der Pullman Leasing versprach ich mir nicht viel, aber ich wollte Louise wiedersehen, und so besuchte ich sie einige Tage später in ihrem Büro. Sie führte mich über das riesige Gelände der ehemaligen Waggonfabrik und zeigte mir die Konstruktionsanlagen, die kurz nach dem Krieg stillgelegt worden waren. Die Gebäude waren nie abgerissen worden, der Abbruch würde mehr gekostet haben, als der Verkauf des Grundstücks eingebracht hätte. In die Wände der Hallen waren Namen eingeritzt. Auf einen Pfeiler hatte jemand mit groben Pinselstrichen die Silhouette eines Frauenkörpers gemalt, später hatte jemand mit feinerem Strich ein Gesicht hinzugefügt.

»Pullman war eigentlich Kunsttischler. Aber sein erstes großes Geld verdiente er damit, dass er Häuser in sumpfigen Gebieten vor dem Absinken rettete. Frag mich nicht, wie er das gemacht hat.«

»Kannst du dir vorstellen, wie hier früher alles voller Arbeiter war, voller Lärm und Betrieb?«

»Heute gibt es nur noch Mäuse und Ratten«, sagte Louise. »Pass auf, es ist alles schrecklich schmutzig.«

Einmal nahm sie meine Hand, als wir über ein mit Gras überwuchertes, unebenes Gelände gingen.

»Komm, wir gehen ins Archiv«, sagte sie. »Ich kann nicht den ganzen Tag mit dir herumspazieren.«

Wie erwartet, war das Archiv nicht sehr ergiebig. Von der früheren Geschichte der Firma war fast nichts erhalten. Vieles habe man weggeworfen, sagte Louise, einiges der Bibliothek geschenkt.

»Über den Pullman-Streik hättest du hier sowieso nichts gefunden«, sagte sie. »Damals sprach man nicht gern darüber, und heute kümmert es keinen mehr.«

Sie lehnte sich mit dem Rücken an eines der Regale, auf denen sich staubige Kartonschachteln stapelten. Das Archiv lag im obersten Stock des Gebäudes, und die Luft war heiß und trocken. Nur von oben fiel Licht durch Schächte, die mit Plexiglashauben abgedeckt waren. Wir schwiegen. Louise schaute mich an und lächelte. Ich küsste sie.

»Du liebst mich nicht, und ich liebe dich nicht. Es ist nichts dabei«, sagte sie lachend. »Hauptsache, wir amüsieren uns.«

… 24 …

Ich dachte nicht an Agnes, während ich mit Louise zusammen war, und es ging mir gut. Als ich nach Hause kam, war es mir, als kehre ich in ein Gefängnis zurück. Ich ließ die Wohnungstür einen Spaltbreit offen stehen, aber als ich Stimmen im Hausflur hörte, schloss ich sie. Ich legte mich für eine halbe Stunde aufs Sofa, dann stand ich auf und ging in die Bibliothek und von da aus weiter an den See, in das Café am Ende des Grant Park.

Ich dachte an das Kind, mit dem Agnes schwanger war. Ich fragte mich, ob es mir gleichen, ob es meinen Charakter haben würde. Ich konnte mir nicht vorstellen, wie es sein würde, wenn irgendwo ein Kind von mir lebte. Selbst wenn ich Agnes nie wiedersähe, würde ich Vater sein. Ich werde mein Leben ändern, dachte ich, auch wenn ich dem Kind nie begegnen sollte. Und dann dachte ich, ich ertrage es nicht, dem Kind nie zu begegnen. Ich will wissen, wer es ist, wie es aussieht. Ich nahm mein Notizbuch hervor und versuchte, ein Gesicht zu zeichnen. Als es mir nicht gelang, begann ich zu schreiben:

Am vierten Mai kam unser Kind zur Welt. Es war ein Mädchen. Es war sehr klein und leicht und hatte ganz dünnes blondes Haar. Wir tauften es auf den Namen …

Ich dachte lange nach, wie ich das Kind nennen sollte. Die Kellnerin brachte mir frischen Kaffee, und ich las auf ihrem Namensschild, dass sie Margaret hieß. Ich bedankte mich für den Kaffee und schrieb:

... Margaret. Die Wiege stellten wir in mein Arbeitszimmer. Jede Nacht weinte das Kind, jeden Tag gingen wir mit ihm spazieren. Vor den Spielwarengeschäften blieben wir stehen und überlegten uns, welche Dinge wir Margaret kaufen würden, später, wenn sie älter sein würde. Agnes sagte, sie wolle ihr nicht nur Puppen kaufen.

»Ich will, dass sie mit Autos spielt und mit Flugzeugen, mit Computern, Eisenbahnen.«

»Erst kriegt sie Plüschtiere, Puppen ...«, sagte ich.

»Bauklötze«, sagte Agnes. »Als ich klein war, liebte ich Bauklötze mehr als alle Puppen. Margaret soll bekommen, was sie will.«

»Ich bringe ihr alles über Luxuseisenbahnwagen bei, wenn du willst«, sagte ich.

Wir schauten uns nach einer größeren Wohnung um, in einem Außenviertel, wo es Parks gab und Wälder. Wir überlegten uns, nach Kalifornien zu ziehen oder in die Schweiz. Mit meinem Buch kam ich gut voran, trotz der Arbeit, die das Kind uns machte. Es war der glücklichste Sommer meines Lebens, und auch Agnes war so zufrieden wie selten zuvor.

Ich schrieb nicht weiter. Ich merkte, wie wenig ich über Babys wusste, und beschloss, mir ein Buch zu kaufen. Ich war jetzt sicher, dass Agnes und ich wieder zusammenkommen würden. Ich schrieb einen Brief an sie, steckte ihn in die Tasche und ging, so schnell ich konnte, nach Hause zurück.

Schon als ich die Wohnungstür aufschloss, hörte ich das Telefon klingeln. Noch im Mantel nahm ich ab. Es war eine Kollegin von Agnes, eine der Geigerinnen aus dem Streichquartett.

»Ich habe den ganzen Tag versucht, Sie zu erreichen«, sagte sie.

»Ich war spazieren.«

Sie zögerte.

»Agnes ist krank«, sagte sie dann, »sie ist nicht einmal zur Probe gekommen.«

»Was spielt ihr?«, fragte ich, weshalb, weiß ich nicht.

»Schubert«, sagte sie. Es war einen Moment lang still.

»Agnes würde mich umbringen, wenn sie wüsste, dass ich Sie anrufe. Aber ich glaube, sie braucht Ihre Hilfe.«

»Was fehlt ihr?«, fragte ich, aber die Kollegin wollte nichts weiter sagen.

»Gehen Sie doch bitte zu ihr«, sagte sie nur, »es geht ihr nicht gut.«

Ich bedankte mich und versprach, Agnes zu besuchen. Den Brief, den ich ihr geschrieben hatte, zerriss ich. Ich holte mir ein Bier aus dem Kühlschrank und setzte mich ans Fenster.

Wenn ich jetzt zu Agnes gehe, dachte ich, dann ist es für immer. Es ist schwer zu erklären, obwohl ich sie liebte, mit ihr glücklich gewesen war, hatte ich nur ohne sie das Gefühl, frei zu sein. Und Freiheit war mir immer wichtiger gewesen als Glück. Vielleicht war es das, was meine Freundinnen Egoismus genannt hatten.

Ich ging nicht an diesem Tag zu Agnes und auch am nächsten nicht. Am dritten Tag endlich entschloss ich mich, sie zu besuchen. Ich nahm gegen meine Gewohnheit ein Taxi, um nicht noch mehr Zeit zu verlieren. Vor einer Buchhandlung ließ ich es warten, rannte hinein und fragte nach einem Buch über Babys. Die Verkäuferin empfahl mir ein Buch mit dem Titel *How to Survive the First Two Years*.

Agnes kam im Morgenmantel an die Tür. Sie war sehr bleich. Sie bat mich herein, und ich folgte ihr ins Zimmer. Sie legte sich wieder hin. Ich saß eine Weile stumm bei ihr, dann fragte ich: »Du bist krank?«

»Ich habe das Kind verloren«, sagte sie leise.

Ich hatte nie daran gedacht, dass sie das Kind verlieren könnte. Ich war erleichtert und schämte mich dafür.

Agnes lächelte und sagte: »Du solltest eigentlich froh sein.« Aber der Zynismus gelang ihr nicht.

»Du bist nicht schuld«, sagte sie, »der Arzt sagt, auf jede Geburt kommt eine Fehlgeburt.«

»Kannst du keine Kinder kriegen?«, fragte ich.

»Doch«, sagte sie, »aber ich muss Hormone nehmen, wenn ich wieder schwanger werde.«

»Es tut mir leid«, sagte ich.

Sie setzte sich auf und umarmte mich.

»Ich habe dich vermisst«, sagte sie. Dann begann sie zu weinen. »Sechs Zentimeter groß war es, hat der Doktor gesagt.«

»Wann ist es geschehen?«

»Ich war drei Tage in der Klinik«, sagte Agnes. »Sie mussten eine Ausschabung machen. Das Kindsmaterial, hat der Doktor gesagt. Damit es keine Infektion gibt. Es war nicht lebensfähig. Das Kindsmaterial.«

Ich blieb die Nacht über bei Agnes, lag angezogen neben ihr auf der Matratze und konnte nicht schlafen. Gegen Morgen stand ich auf. Ich wollte lesen, aber ich fand nur die *Norton Anthology of Poetry* und einige Prospekte. Die Coupons, mit denen man ein Glas Erdnussbutter oder ein Paket

Cornflakes zehn Cents billiger kaufen konnte, waren sorgfältig ausgeschnitten. Ich holte mir ein Glas Orangensaft. Die Küche war so sauber, als sei sie nie benutzt worden. Der Kühlschrank war fast leer. Ich schaute in die Schränke. Bei den Putzsachen fand ich ein Paar Gummihandschuhe, auf denen mit schwarzem Filzstift »Küche« geschrieben stand. Aus Neugier ging ich ins Badezimmer und fand dort in einem Schrank das entsprechende Paar mit der Aufschrift »Bad«. Daneben lag ein Stapel bunter Waschlappen. Der oberste war alt und ausgebleicht, und jemand hatte »Agnes« darauf gestickt. Ich ging zurück ins Zimmer. Aus der Nische, in der die Matratze lag, hörte ich, wie Agnes sich im Schlaf bewegte und etwas murmelte. Ich setzte mich an ihren Schreibtisch, öffnete willkürlich eine Schublade. In einer alten Schachtel waren Briefe und Postkarten, sortiert nach Absendern. Auf kleinen Registerkarten stand »Eltern«, »Großeltern«, »Onkel/Tanten«, »Cindy«, »Herbert«.

Es gab auch eine Karte mit meinem Namen, aber das Fach dahinter war leer. Ich hatte Agnes nur einmal eine nichtssagende Karte aus New York geschickt, und die hatte ich in der Küche am Kühlschrank gesehen.

Ich nahm den Stapel mit Herberts Briefen aus der Schachtel. Zuoberst waren einige Postkarten, dann kamen Briefe, dann wieder Postkarten und zum Schluss drei neue Briefe, der letzte sehr dick und erst vor wenigen Tagen in Chicago abgestempelt. Ich schaute in den Umschlag, ohne den Brief herauszuziehen, und las: »Liebe Agnes«. Ich stellte die Briefe zurück in die Schachtel und setzte mich auf einen Stuhl beim Fenster. Irgendwann schlief ich ein.

Am Morgen ging es Agnes etwas besser, und sie stand auf, um zu frühstücken.

»Ich habe es nicht so gemeint, damals«, sagte ich. »Ich habe lange nachgedacht. Ich habe versucht, dich zu erreichen.«

»Es war nicht das, was du gesagt hast. Aber dass du mich allein gelassen hast. Dass du einfach weggelaufen bist.«

»Wenn du ein Kind möchtest ...«

»Du willst es nicht wirklich. Aber das spielt ja jetzt keine Rolle mehr.«

»Vielleicht später«, sagte ich.

»Ja«, sagte Agnes, »vielleicht später.«

… 26 …

Agnes zog wieder zu mir. Die Fehlgeburt belastete sie mehr, als ich anfangs geglaubt hatte. Wenn wir zusammen waren, sprachen wir nicht davon, aber sie saß oft allein im Schlafzimmer und schaute aus dem Fenster. Zwischen den Häusern konnte man ein kleines Stück des Sees erkennen.

»Was geschieht mit den Vögeln, wenn der See zugefroren ist?«, fragte Agnes einmal.

»Ich glaube nicht, dass er ganz zufriert«, sagte ich, »oder die Tierschützer schlagen Löcher ins Eis oder füttern die Vögel. Ich weiß es nicht.«

Agnes hatte noch nicht wieder angefangen zu arbeiten. Ihr Professor hatte gemeint, sie könne bis nach Weihnachten zu Hause bleiben. Er schien sie sehr zu schätzen, und wenn sie von ihm sprach, wurde ich fast eifersüchtig.

»Er ist ein alter Mann«, sagte sie.

»Ich auch. Ich bin auch ein alter Mann.«

»Er ist doppelt so alt wie du.«

Ich erzählte Agnes von Louise. Sie sagte nichts, sie wurde nicht einmal wütend. Ihre Gleichgültigkeit kränkte mich.

»Schreib es auf«, sagte sie, »schreib die Geschichte weiter und schreib alles auf, was geschehen ist. Das Kind, der See, Louise …«

»Ich habe weitergeschrieben«, sagte ich, »du hast das Kind bekommen in der Geschichte.«

Ich hatte gezögert, Agnes zu zeigen, was ich geschrieben hatte. Aber jetzt bat sie mich darum, und als sie es gelesen hatte, freute sie sich und meinte nur, ich hätte einen anderen Namen wählen sollen.

»Wie möchtest du es denn nennen?«

»Es ist schon getauft. Man kann einen Namen nicht ändern.«

»Ich habe ein Buch gekauft«, sagte ich.

»Erzähl mir von Margaret«, sagte Agnes, »wenn sie am vierten Mai geboren ist, dann ist sie ein ... Was ist sie dann?«

»Ein Stier. Ich dachte, du glaubst nicht an Astrologie.«

»Das ist egal. Du hast doch dieses Buch über die Sternzeichen.«

Ich holte das Buch und las vor: »Der Stiertyp wird von der Venus bestimmt. Es ist die Zeit, da der Frühling auf der ganzen Linie gesiegt hat, ein Umstand, der sich auch im Charakter des Stieres zeigt. Stiere sind friedlich und ausgeglichen, haben ein starkes Liebesverlangen und sind zu großer Leidenschaft fähig.«

Agnes nahm mir das Buch aus der Hand und blätterte darin.

»Hier«, sagte sie. »Sie besitzen eine vortreffliche Kombinationsgabe und scharfe Logik. Oft zeigt sich auch eine mathematische Begabung. Siehst du, sie schlägt nach mir.«

Ich schaute ihr über die Schulter. »›Was ich nicht weiß, macht mich nicht heiß‹, ist seine Devise«, las ich.

»Du musst es aufschreiben«, sagte Agnes, »du musst uns das Kind machen. Ich habe es nicht geschafft.«

Ich saß den ganzen Nachmittag am Computer, und Agnes saß neben mir und diktierte mir oder korrigierte mich. Unser Kind wuchs schnell, es lernte schon nach einer halben Seite zu gehen, kurz darauf zu sprechen. Wir schrieben über einen Besuch bei den Großeltern in Florida, über Ferien in der Schweiz, Kinderkrankheiten, über Weihnachten. Margaret bekam die schönsten Geschenke. Ein Dreirad, Bauklötze, Puppen, ein erstes Buch. Agnes und ich heirateten, dann bekamen wir ein zweites Kind, einen Jungen. Wir waren glücklich.

»Ich kann nicht mehr«, sagte ich endlich, »wir können doch an einem Nachmittag nicht eine ganze Familiensaga schreiben.«

»Dann gehen wir spazieren und überlegen uns, wie es weitergeht«, sagte Agnes.

… 27 …

Wir gingen nach draußen. In letzter Zeit waren wir nur noch im Park spazieren gegangen, aber jetzt wollte Agnes in die Stadt. Es war Samstag, und in den Straßen wimmelte es von Leuten, die Weihnachtseinkäufe machten. Vor einem Spielwarengeschäft blieb Agnes stehen.

»Ich möchte Margaret einen Teddy kaufen«, sagte sie. Wir gingen ins Geschäft und kauften einen großen Teddybär.

Dann sagte Agnes, ich müsse unserem Baby auch etwas schenken, und wir kauften eine Puppe.

»Lass uns in die Kleiderabteilung gehen«, sagte Agnes.

»Meinst du nicht …«, ich zögerte, »meinst du wirklich, dass es gut ist?«

Aber Agnes war schon vorausgegangen. Als ich sie einholte, sah ich, dass ihr Tränen über das Gesicht liefen. Wahllos nahm sie einige Kinderkleider aus den Regalen, einen Wollpullover, ein Paar gestreifte Latzhosen, eine Mütze. Ich versuchte, sie zu beruhigen, aber sie hörte nicht auf mich, bezahlte mit ihrer Kreditkarte und lief dann aus dem Geschäft. Ich folgte ihr, aber ich verlor sie fast, so schnell wand sie sich durch die Menschenmenge. Erst kurz vor dem Doral Plaza holte ich sie ein. Jetzt ging sie langsamer. Sie sprach noch immer nicht. Schweigend fuhren wir mit dem Lift nach oben. In der Wohnung stellte Agnes ihre Plastiktüten ab und ging ins Schlafzimmer.

Ich zog gerade meine Schuhe aus, als sie an mir vorbei ins Badezimmer rannte, die Tür hinter sich zuwarf und abschloss. Ich hörte sie laut weinen.

»Was ist los?«, rief ich durch die Tür.

»Im Schlafzimmer …«, schluchzte sie.

Ich ging ins Schlafzimmer. Vor dem Fenster schwebte eine Gondel, in der zwei Männer standen und die Fenster putzten. Sie waren eben fertig, winkten und schwebten lachend in die Höhe. Ich hatte einen Zettel von der Hausverwaltung bekommen, der die Reinigung der Fenster angekündigt hatte, aber ich hatte vergessen, es Agnes zu sagen. Ich ließ die Rollläden herunter und ging zurück in den Flur. Im Badezimmer hörte ich Agnes leise wimmern. Ich klopfte. Schließlich öffnete sie die Tür.

»Sie haben mich angeschaut«, sagte sie, wischte sich mit Toilettenpapier die Tränen ab und putzte sich die Nase.

»Jetzt sind sie weg. Ich habe die Läden geschlossen.«

»Sie schauen uns an. Alle schauen uns an, wenn wir Kindersachen kaufen. Alle wissen es. Es ist eine Lüge.«

»Es ist doch nur eine Geschichte. Du wolltest …«

»Ich habe nicht gewusst …«, unterbrach mich Agnes, aber sie sprach nicht weiter.

»Du wolltest, dass ich sie so schreibe«, sagte ich, »wir haben sie zusammen geschrieben.«

»Ich habe nicht gewusst, wie wirklich es wird. Und doch ist es eine Lüge. Es ist krank.«

»Ich habe gehofft, es würde dir helfen. Es hat mir geholfen, als du nicht da warst.«

»Es stimmt nicht. Du musst schreiben, wie es wirklich war und wie es ist. Es muss stimmen.«

»Ja«, sagte ich.

»Schreib, wie es weitergeht«, sagte Agnes. »Wir müssen wissen, was geschieht.«

»Gut. Ich werde schreiben, was wir machen, wohin wir gehen, welche Kleider du trägst. Wie vorher. Du wirst das dunkelblaue Kleid wieder tragen. Wenn es wärmer ist.«

»Ich ziehe es heute Abend an.«

Noch an diesem Abend warf Agnes alle neu gekauften Sachen in den Müllschlucker im Flur. Ich wollte sie verschenken, aber Agnes bestand darauf, alles wegzuwerfen. Als der Teddybär nicht in das enge Loch passte, riss sie ihm die Arme ab. Auch was wir am Nachmittag auf dem Computer geschrieben hatten, löschten wir. Dann zog Agnes das blaue Kleid an.

»Als Kind waren die Figuren der Bücher, die ich las, meine besten Freunde«, sagte sie, »meine einzigen Freunde eigentlich. Auch später noch. Nachdem ich *Siddhartha* gelesen hatte, stellte ich mich eine Stunde lang barfuß in den Garten, um meine Gefühle abzutöten. Das einzige Gefühl, das ich abtötete, war das in meinen Füßen. Es lag Schnee.«

Agnes lachte zögernd. Ich hatte eine Tiefkühlpizza in den Ofen geschoben und öffnete eine Flasche Wein. »Ich bin immer traurig, wenn ich ein Buch zu Ende gelesen habe«, sagte Agnes. »Es ist, als sei ich zu einer Person des Buches geworden. Und mit der Geschichte endet auch das Leben dieser Person. Aber manchmal bin ich auch froh. Dann ist das Ende wie die Befreiung aus einem bösen Traum, und ich fühle mich ganz leicht und frei, wie neugeboren. Ich frage mich manchmal, ob die Schriftsteller wissen, was sie tun, was sie mit uns anstellen.«

Ich küsste Agnes.

»Da bin ich mit dir zusammen und weiß gar nicht, dass in deinem Kopf das halbe Personal der Weltliteratur steckt.«

»Ich lese nicht mehr viel«, sagte Agnes, »vielleicht deshalb. Weil ich nicht mehr wollte, dass Bücher Gewalt über mich haben. Es ist wie ein Gift. Ich habe mir eingebildet, ich sei jetzt immun. Aber man wird nicht immun. Im Gegenteil.«

Dann aßen wir, und später nahm Agnes das Beruhigungsmittel, das der Arzt ihr nach der Operation verschrieben hatte. Ich setzte mich auf den Rand des Bettes, um zu warten, bis sie eingeschlafen war.

»Jetzt sind wir wieder zusammen«, sagte sie noch, bevor sie einschlief, »nur wir zwei.«

Langsam schien Agnes sich zu erholen. Aber es war, als habe sie sich von mir entfernt, als suche oder finde sie die Nähe zu mir nicht mehr. Wenn wir spazieren gingen, lief sie gedankenverloren neben mir her, wenn ich ihre Hand nahm, machte sie sich bald wieder von mir los. Sie las viel in der *Norton Anthology*. Wenn ich nicht zu Hause war, spielte sie oft Cello. Ich konnte sie schon vom Flur aus hören, aber sobald ich die Tür öffnete, hörte sie auf zu spielen.

»Spielst du mir etwas vor?«, fragte ich einmal.

Sie sagte nur: »Nein.«

Während sie das Cello im Kasten verstaute, blätterte ich in ihren Noten.

»Spielt ihr nicht Schubert?«

»Nicht mehr«, sagte Agnes und lächelte, »die anderen fanden, das sei im Moment nicht das Richtige für mich. Jetzt spielen wir Mozart.«

»Ich mag Mozart nicht.«

»Ich auch nicht.«

Es war Advent. Zum ersten Mal in diesem Jahr schneite es. Agnes hatte die Wohnung dekoriert, mit weißen Sternen, die sie aus Papierstreifen geflochten hatte. Ich hatte ihr eine Kassette mit Weihnachtsliedern geschenkt, die sie dauernd hörte, obwohl sie fand, die Musik sei schrecklich und nur ein Europäer könne etwas so Kitschiges kaufen. Wenn ich abends von der Bibliothek nach Hause kam, küsste sie mich kurz auf den Mund. Dann hatte sie oft Kerzen angezündet. Sie sagte, sie denke viel an ihre Kindheit, aber sie erzählte nicht mehr davon. Sie fragte mich nach den Weihnachtsbräuchen in meiner Heimat. Wir backten

Lebkuchen, die nicht richtig schmeckten, weil uns die wichtigsten Gewürze fehlten, und ich bastelte Agnes einen Adventskranz aus Zeitungen und Tannenzweigen.

»Eigentlich ist es zu spät«, sagte ich.

»Das macht nichts«, sagte sie.

Im Bett wandte sich Agnes oft von mir ab und schlief zusammengekauert und ganz auf ihrer Seite. Wenn sie duschte, schloss sie jetzt die Tür wieder ab und zog sich im Badezimmer aus wie in den ersten Wochen, als wir zusammen waren. Aber ich dachte, das werde sich legen und alles würde gut werden.

Agnes war aktiv wie selten zuvor. Sie trieb viel Sport, ging schwimmen und wurde Mitglied in einem Fitnessclub. Sie ging wieder regelmäßig zu den Proben des Streichquartetts, besuchte ihre Kolleginnen in der Universität und brachte Arbeit mit nach Hause. Sie hatte neue Diapositive von Kristallgittern bekommen und saß am Fenster, um sie im Gegenlicht zu betrachten.

»Man hat schon lange gewusst, dass sie so aussehen. Lange bevor man es experimentell bestätigen konnte. Theoretisch kann man jeden Kristall – außer wenn er triklinasymmetrisch gebaut ist – durch Symmetrieoperationen mit sich selbst zur Deckung bringen.«

»Wie entstehen sie?«, fragte ich.

»Durch die Wechselwirkungen zwischen den Atomen und Molekülen. Jedes Teilchen hat seinen genau festgelegten Platz im Verhältnis zu den anderen. Aber ideale Kristalle sind sehr selten. In der Praxis gibt es immer Fehlordnungen und Gitterbaufehler.«

Einmal kam Agnes mit mir an den See, und wir nahmen altes Brot mit für die Vögel. Als die Geschäfte geschlossen hatten, spazierten wir durch die Innenstadt und schauten uns die Auslagen an. Ich hatte gefürchtet, die Kindersachen, die wir sehen würden, könnten Agnes aufregen, aber sie blieb ruhig. Als ich sie danach fragte, sagte sie nur: »Ich kann ja jederzeit Kinder kriegen.«

»Möchtest du ein Kind?«

»Vielleicht. Irgendwann.« Als wir nach Hause zurückkamen, sagte Agnes: »Die Wohnung muss dringend geputzt werden. Zu Weihnachten muss alles sauber sein.«

»Wir haben keine Gäste.«

»Das spielt keine Rolle. Wir putzen für uns. Du hast ja überhaupt nichts gemacht, während ich weg war.«

Wir putzten den ganzen Abend.

»Du hast noch weniger Sachen als ich«, sagte Agnes, als wir endlich fertig waren.

»Aber das ist nur ein kleiner Teil. Das meiste habe ich in der Schweiz gelassen. Möbel, Kleider und vor allem Bücher.«

»Ich vergesse immer, dass du hier nur zu Besuch bist.«

»Ich könnte auch bleiben. Oder du könntest mit mir kommen.«

»Ja. Vielleicht. Ein *happy ending* für deine Geschichte.«

»Für unsere Geschichte.«

... 29 ...

Wir feierten Heiligabend. Ich hatte Agnes schon seit einiger Zeit nicht mehr gezeigt, was ich geschrieben hatte. Jetzt hatte ich die Geschichte auf weißes Papier ausgedruckt, gefaltet und, mit einer Widmung versehen, in eine Mappe gelegt.

»Ich habe noch keinen Schluss gefunden«, sagte ich, »aber sobald ich ihn habe, binde ich dir alles zu einem kleinen Buch.«

Agnes hatte mir einen Pullover gestrickt.

»Wolle hatte ich ja genug«, sagte sie.

»Schwarze Wolle?«

»Nein. Ich habe den Pullover gefärbt. Hellblau steht dir nicht.«

Ich schwieg. Wir saßen auf dem Sofa, vor uns einen kleinen Weihnachtsbaum, den Agnes nur mit Kerzen geschmückt hatte. Aus einer der benachbarten Wohnungen hörten wir leise Weihnachtslieder und streitende Kinder, dann eine tiefere Stimme, die etwas schrie. Plötzlich wurde es ruhig.

»Verzeih«, sagte ich, »ich habe nicht daran gedacht.«

»Heute Morgen ist ein Paket mit UPS für dich gekommen. Ich habe angenommen, es ist ein Geschenk, darum habe ich nichts gesagt.«

Ich erkannte gleich die Schrift.

»Es ist von Louise.«

»Mach es auf.«

Im Paket war das Modell eines Pullman-Salonwagens. Es war ein wunderschöner, exakter Nachbau. Hinter den Scheiben sah man kleine Figuren, die an Tischen saßen.

»Hier ist eine Karte«, sagte Agnes, »sie lädt dich zu ihrer Neujahrsparty ein.«

Die Karte war von Louises Eltern. Es war eine gedruckte Einladung, und nur mein Name war von Hand eingetragen. Auf die Rückseite hatte Louise geschrieben: »Komm, wenn Du kannst. Bring Deine Agnes mit, wenn Du Lust hast. Viele interessante Leute!«

»Hast du ihr von mir erzählt?«, fragte Agnes.

»Nur, dass du mich verlassen hast, und dann, dass du wieder zurückgekommen bist.«

»*Du* hast mich verlassen. Und *du* bist zurückgekommen.«

»Eigentlich ist Weihnachten ein schrecklich deprimierendes Fest«, sagte ich.

»Ein Fest für Kinder.«

»Komm«, sagte ich, »wir gehen aufs Dach.«

Oben auf dem Dach war es eiskalt. Der böige Wind nahm uns fast den Atem, und wir drückten uns an den kleinen Aufbau mit den Fahrstuhlmotoren. Diesmal sahen wir die Sterne, sehr viele Sterne, man hatte den Eindruck, der ganze Himmel bestehe nur aus Sternen. Ich erkannte die Milchstraße, und Agnes zeigte mir Orion und die Zwillinge, Castor und Pollux.

»Ich habe nicht gewusst, dass du dich mit Sternen auskennst«, sagte ich.

»Was weißt du überhaupt von mir?«, sagte Agnes, aber es klang nicht bitter.

Sie lehnte sich an mich, und ich küsste sie aufs Haar. Wir standen lange so auf dem Dach, ohne zu sprechen, und schauten in den Himmel. Dann hörten wir aus der Tiefe eine Sirene und gingen trotz des Windes an die Brüstung und schauten hinunter in die Straßen. Wir sahen einen

Krankenwagen und kurz darauf ein Polizeiauto, das in dieselbe Richtung fuhr.

»Irgendwo ist etwas passiert«, sagte Agnes.

»Manchmal versuche ich, mir vorzustellen, wie es wäre, wenn ich ein anderer Mensch wäre, zum Beispiel der Ambulanzfahrer«, sagte ich. »Was ich dann sehen würde.«

»Wenn am Heiligabend so etwas geschieht, denkt man immer, es sei besonders schlimm. Als ob das eine Rolle spielt.«

»Wir denken, wir leben in einer einzigen Welt. Dabei bewegt sich jeder in seinem eigenen Stollensystem, sieht nicht rechts und links und baut nur sein Leben ab und versperrt sich mit dem Schutt den Rückweg.«

»Komm, wir gehen hinunter. Mir ist kalt.«

Als wir wieder in die Wohnung kamen, waren wir völlig durchfroren. Ich nahm ein Bad. Agnes kam ins Badezimmer. Sie zog sich aus und stieg zu mir in die Wanne. Sie setzte sich mit dem Rücken gegen mich, und ich umarmte sie. Dann wusch ich ihr den Rücken, und später wechselten wir die Plätze, und sie wusch meinen Rücken. Wir badeten lange und ließen immer wieder heißes Wasser nachlaufen. Dann trockneten wir uns gegenseitig ab, und ich frottierte und kämmte Agnes' Haar. Im Schlafzimmer machte Agnes das Licht aus, und wir schliefen miteinander.

»Das war ein Geschenk«, sagte sie, als wir später nebeneinander auf dem Bett lagen.

»Wie meinst du das?«

»Es ist Weihnachten.«

»Ich will nicht, dass du mit mir schläfst, wenn du nicht magst.«

»Aber es war ein Geschenk.«

»Vielen Dank«, sagte ich und wandte mich ab.

Agnes schwieg.

»Siehst du Louise noch?«, fragte sie später.

»In der Bibliothek. Ich kann nichts dagegen tun.«

»Möchtest du etwas dagegen tun?«

»Es ist nichts mehr zwischen uns.«

»Und was war zwischen euch?«

»Nichts«, sagte ich. »Ich habe ihr gesagt, du seist zurückgekommen.«

»*Du* bist zurückgekommen.«

»Sie weiß viel über Pullman, und ich komme durch sie mit interessanten Leuten in Kontakt.«

»Das ist doch toll.«

»Ja.«

»Hast du mit ihr geschlafen?«, fragte Agnes.

»Ist das wichtig?«

»Ja.«

»Und du mit Herbert?«

»Nein.«

»Warum wolltest du zu ihm gehen mit dem Kind?«

»Weil er für mich da ist. Und weil er mich liebt.«

»Und warum bist du zu mir zurückgekommen?«

»Wenn du das nicht weißt ...«, sagte Agnes. »Weil ich dich liebe, nur dich. Auch wenn du es nicht glauben willst.«

… 30 …

Am nächsten Tag war Agnes erkältet.

»Das Dach tut dir nicht gut«, sagte ich.

Sie blieb den ganzen Tag über im Bett und las, und ich saß im Wohnzimmer und schaute fern. Am Nachmittag ging ich kurz nach draußen, um frisches Brot zu kaufen. Den Laden unten im Haus mied ich seit Wochen. Draußen schneite es heftig, und der Wind trieb mir die Flocken waagerecht ins Gesicht. Als ich in die Wohnung zurückkam, saß Agnes mit gekreuzten Beinen im Bett. Die Decke war ihr über die Knie geglitten. Sie weinte.

»Du musst dich zudecken«, sagte ich. »Was hast du?«

Die *Norton Anthology* lag aufgeschlagen in ihrem Schoß, und sie zeigte auf ein Gedicht. *A Refusal to Mourn the Death, by Fire, of a Child in London* von Dylan Thomas.

Deep with the first dead lies Londons daughter,
Robed in the long friends,
The grains beyond age, the dark veins of her mother,
Secret by the unmourning water
Of the riding Thames.
After the first death, there is no other.

»Ich verstehe es nicht«, sagte ich.

»Wenn es keinen Tod mehr gibt, gibt es auch kein Leben mehr«, sagte Agnes.

»Es ist nur ein Gedicht«, sagte ich, »du darfst das nicht so ernst nehmen. Es sind nur Worte.«

»Ein Kind ist in mir gestorben«, sagte Agnes, »in meinem Bauch, sechs Zentimeter groß. Ich konnte ihm nicht helfen.

Es ist in mir gewachsen, und es ist in mir gestorben. Weißt du, was das heißt?«

»Denkst du noch immer daran?«, sagte ich.

Agnes drehte sich um und weinte in ihr Kissen. Das Buch fiel zu Boden. Ich hob es auf und deckte Agnes zu. Sie schlief bis gegen Abend, und ich las. Als sie aufwachte, war sie ruhiger. Aber sie hatte Fieber, und die Erkältung war schlimmer geworden. Ich kochte Tee für sie und saß bei ihr, bis sie wieder eingeschlafen war. Dann ging ich am See spazieren.

Es hatte aufgehört zu schneien. Als ich fror, ging ich in das Café am Ende des Parks. Die Kellnerin machte Licht und brachte mir einen Kaffee. Dann verschwand sie wieder durch die Tür hinter der Theke. Ich schaute auf den See hinaus. Zum ersten Mal dachte ich an unser Kind, nicht nur an Agnes, an ihre Schwangerschaft, an ihren Verlust. Nicht an Margaret. Ich dachte an das Kind, an das sechs Zentimeter große, unbekannte Kind, das ich nicht gewollt und das ich verloren hatte. Es hatte keinen Namen und kein Gesicht. Ich wusste nicht einmal, ob es ein Junge oder ein Mädchen gewesen war. Ich hatte Agnes nie danach gefragt. Ich verließ das Café. Draußen war es dunkel geworden, und während ich am See entlangging, ordneten sich meine Gedanken, und plötzlich wusste ich, wie die Geschichte von Agnes weitergehen musste. Als habe sich eine Tür geöffnet und als sei nun alles klar zu sehen und ganz leicht zu erreichen. Agnes schlief noch immer, als ich nach Hause kam. Ich schloss die Tür zum Schlafzimmer und setzte mich an meinen Computer. Ich war etwas benommen, vielleicht weil ich aus der Kälte gekommen und weil es in der Wohnung warm war, fast zu warm. Ich war mit der Geschichte beinahe bis zum Weihnachtsfest gekommen, aber als ich jetzt zu schreiben begann, fehlten die Festtage. Ich merkte gleich, dass Agnes mir näher war als sonst. Es war, als schreibe ich nicht selbst, als beschreibe ich nur, was in meinem Kopf wie ein Film ablief. Ich sah Agnes auf einem menschenleeren Bahnsteig stehen. Es war Nacht. Ein Zug fuhr ein, er war fast leer, und Agnes stieg ein. Ich schrieb.

Die Fahrt nach Willow Springs dauerte fast eine Stunde. Als Agnes ausstieg, war Mitternacht lange vorüber, aber man hörte noch immer das Knallen von Feuerwerk, und manchmal wurde der Himmel einen Augenblick lang von bengalischem Feuer erleuchtet. Agnes fror, obwohl sie ihren dicken Wintermantel trug, aber selbst das Frieren schien weit weg zu sein, es war, als stelle sie die Kälte nur fest, ohne sie zu fühlen. Sie ging durch lange Straßen, an Reihen kleiner hölzerner Häuser vorbei, aus denen noch hier und da Stimmen und Musik zu hören waren …

Ich hatte das Gefühl, ich schriebe schnell, und doch war es schon sehr spät, als ich endlich nicht mehr weiterkam, als die Bilder stillstanden und sich auflösten. Ich las das Geschriebene noch einmal, und es war mir, als lese ich es zum ersten Mal. Ich wusste nicht, wohin dies führen sollte, und doch wusste ich, dass ich so nicht weitermachen konnte, dass es unmöglich war, unzumutbar für Agnes, unerträglich für mich. Ich musste endlich ein Ende finden für Agnes, einen guten Schluss. Aber ich war zu müde, speicherte nur den Text und schaltete den Computer aus.

Ich zog mich aus und legte mich neben Agnes. Sie atmete ruhig und tief und wandte sich, ohne aufzuwachen, zu mir und legte einen Arm auf meine Taille. Ich schlief sofort ein.

»Hast du den Schluss geschrieben?«, fragte Agnes am nächsten Morgen. Es ging ihr etwas besser, aber sie war heiser und sagte, sie habe beim Schlucken starke Schmerzen.

»Ich bin noch nicht fertig«, sagte ich.

Zum Frühstück stand Agnes auf, doch gleich danach legte sie sich wieder hin. Ihre Mutter rief an. Ich nahm den Hörer ab. Ich hatte noch nie mit Agnes' Eltern gesprochen, hatte nie an sie gedacht. Agnes schien bis auf seltene Telefongespräche keinen Kontakt mit ihnen zu haben.

Ich brachte ihr das Telefon ins Schlafzimmer. Als ich wieder im Wohnzimmer saß, hörte ich, wie sie sagte: »Ein Freund, der zu Besuch ist. Ich bin etwas erkältet.« Als sie aufgelegt hatte, ging ich zu ihr.

»Wissen deine Eltern nichts von mir?«, fragte ich.

»Hast du gelauscht?«

»Ich habe nur gehört, dass du gesagt hast, ein Freund sei zu Besuch.«

»Ich erzähle ihnen nicht viel von mir. Ich glaube nicht, dass es sie interessiert. Sie würden sich nur Sorgen machen.«

»Wegen mir?«

»Wegen allem. Sie wissen kaum etwas von mir.«

»Ist es, weil sie in Florida wohnen?«

»Meine Mutter wollte bei mir bleiben, aber mein Vater ... Ich habe ihnen gesagt, dass ich sie dort nicht besuchen werde. Und ich habe sie nicht besucht.«

»Du bist hart.«

»Es war auch hart für mich, dass sie gingen. Jetzt brauche ich sie nicht mehr, und sie brauchen mich noch nicht. Sie werden schon kommen ...«

»Woher haben sie meine Nummer?«

»Meine Anrufe werden umgeleitet.«

Es war nie vorher ein Anruf für Agnes gekommen. Ich ging zurück ins Arbeitszimmer. Ich hatte beschlossen, das, was ich gestern geschrieben hatte, zu vergessen und einen neuen Schluss zu schreiben. Aber ich löschte den alten Text auf dem Computer nicht, speicherte ihn stattdessen unter dem Namen »Schluss2«. Sobald ich zu schreiben begann, fühlte ich mich erleichtert. Ich glaubte, wiedergutmachen zu können, was ich gestern falsch gemacht hatte. Ich schrieb bewusster als sonst, schneller, ich wusste, wohin ich wollte, und nahm den kürzesten Weg.

Ich beschrieb die Feiertage ganz so, wie sie gewesen waren, nur ohne das Gefühl der Fremdheit zwischen Agnes und mir, ohne ihr Weinen und ohne das Geschenk von Louise. Ich schrieb von einer wunderbaren Woche zwischen Weihnachten und Neujahr. Wir kochten zusammen, spazierten, dick eingepackt, durch den verschneiten Grant Park, gingen ins Adler Planetarium, wo Agnes mir die Sterne erklärte, und in die Bibliothek, wo wir alte Weihnachtsgeschichten suchten.

Agnes war wieder bei mir. Wir wussten jetzt, dass wir zusammengehörten, und dieses Wissen schien ihr über den Verlust des Kindes hinwegzuhelfen. Wie uns das Kind auseinandergebracht hatte, führte sein Verlust uns wieder zusammen. Der Schmerz verband uns enger, als uns das Glück verbunden hatte.

Wir feierten Neujahr zu Hause. Wir gingen nicht aufs Dach, denn Agnes war etwas erkältet. Wir saßen am Fenster und schauten dem Schneetreiben zu.

Aus dem Schlafzimmer hörte ich Agnes Cello spielen. Sonst stört mich beim Schreiben jedes Geräusch, aber jetzt war ich froh, abgelenkt zu werden. Ich schrieb, fast ohne nachzudenken, geriet aber nicht in den zugleich betäubten wie konzentrierten Zustand, in dem ich noch gestern gearbeitet hatte.

Wir hatten den Fernseher eingeschaltet, um uns die Direktübertragung der Neujahrsfeier vom Times Square in New York anzuschauen. Zehntausende hatten sich auf dem Platz versammelt und starrten auf den riesigen, künstlichen Apfel, der langsam zu ihnen herabschwebte. Genau um Mitternacht berührte er unter dem Jubel der Menge den Boden. Die Menschen schrien und umarmten einander. Irgendwo begannen sie zu singen, der Gesang wuchs aus dem Lärm, der langsam erstarb, bis man nichts anderes mehr hörte als das alte Lied.

»Should auld acquaintance be forgot
And never brought to mind?«

In Chicago war es erst elf, aber auch Agnes und ich standen auf. Wir umarmten uns und stießen auf unsere Zukunft an, während die Menschen in New York noch immer sangen:

»But seas between us broad have roar'd,
Sin auld lang syne.
For auld lang syne, my jo,
For auld lang syne,
We'll take a kiss o' kindness yet
For auld lang syne.«

Agnes hatte aufgehört zu spielen und war ins Arbeitszimmer gekommen.

»Ich möchte nicht, dass du die Geschichte zu Ende schreibst«, sagte sie.

»Warum nicht?«

»Es ist nicht gut. Wir brauchen sie nicht.«

»Aber ich bin fertig.«

»Wirklich?«, sagte sie. Sie zögerte. »Geht sie gut aus?«

»Ja, natürlich. In Amerika gehen doch alle Geschichten gut aus.«

Agnes lächelte. »Liest du vor?«, fragte sie.

»Du musst ins Bett«, sagte ich.

... 32 ...

Ich kann nicht gut vorlesen. Aber das war nicht der Grund, weshalb Agnes enttäuscht war. Sie sagte nichts, und auch ich saß schweigend neben ihr auf dem Bett.

»Bist du zufrieden?«, fragte ich.

»Bist *du* zufrieden?«

»Ich weiß nicht«, sagte ich. Ich war nicht überzeugt vom Schluss der Geschichte. Er war mir nicht gelungen, er war nicht lebendig, nicht wahr. Ich hatte ihn mir so gewünscht und hatte ihn so geschrieben. Er war wie ein Vorsatz, den man zu Silvester fasst und schon in den ersten Stunden des neuen Jahres wieder missachtet, leere Worte, gut gemeint.

»Der Schluss ist immer schwierig«, sagte ich, »das Leben hat keine Schlusspointen. Es geht weiter.«

»Das ist ein Geschenk«, sagte Agnes. »Ein Neujahrsgeschenk.«

Sie versuchte, mir in die Augen zu schauen, und ich umarmte sie, damit ich ihrem Blick ausweichen konnte, und sagte: »Ich werde das jetzt zusammen mit den anderen Seiten binden, dann hast du dein Büchlein. Das Buch *Agnes*.«

Als sie später aus dem Schlafzimmer kam, hatte ich noch nicht damit angefangen. Ich saß im Korbsessel und starrte hinaus in das Schneetreiben.

»Was machst du?«, fragte sie.

»Ich denke nach.«

»Über die Geschichte?«

»Ja«, sagte ich. Der Film in meinem Kopf hatte wieder zu laufen begonnen.

Ich war unruhig in den nächsten Tagen. Und als hätte ich

Agnes angesteckt, ging es auch ihr nicht gut, und ihre Erkältung wurde schlimmer. Sie klagte über Schluckbeschwerden und starke, lähmende Kopfschmerzen und verließ das Schlafzimmer ganze Tage lang kaum.

Ich hatte den Schluss mit den anderen Seiten zu einem kleinen Heft gebunden. Aber sobald Agnes schlief, arbeitete ich weiter an der Geschichte. Ich ging alles noch einmal durch, änderte, korrigierte und ersetzte das Ende durch »Schluss2«, der sich, wie ich merkte, schon am Anfang abgezeichnet hatte. Es war der einzig mögliche, der einzig wahre Schluss.

Wenn Agnes mich fragte, woran ich arbeite, sagte ich, an den Eisenbahnwagen. Ich war oft abwesend, hätte am liebsten ohne Unterlass geschrieben. Es war mir, als lebte ich nur noch in der Geschichte, als sei alles andere unwichtig, unwirklich, als sei es Zeitverschwendung, zu essen, zu schlafen.

Agnes' Krankheit machte mich gereizt. Ich kochte ihr noch immer Tee und brachte ihr das Essen ans Bett, aber sie spürte wohl meine Ungeduld und war gekränkt.

»Du musst nicht den ganzen Tag bei mir bleiben«, sagte sie. »Geh nur in die Bibliothek, wenn du Lust hast. Vielleicht ist Louise dort.«

»Darum geht es nicht. Es tut mir nur leid, dass du nichts von deinen freien Tagen hast. Ich hasse es, die ganze Zeit zu Hause zu sitzen.«

»Aber das brauchst du nicht. Ich bin ja nicht todkrank. Mir geht es ganz gut, solange ich im Bett bleibe.«

Ich ging wieder an den See, spazierte durch den Grant Park. Als es mir zu kalt wurde, ging ich in die Bibliothek. Louise war nicht da. Ich holte mir einen Roman und las eine Stunde. Dann, ohne mich um das Ende zu kümmern, brachte ich das Buch zurück.

»Du warst lange weg«, sagte Agnes, als ich zurückkam.

»Du hast doch gesagt, du wolltest allein sein.«

»Es war kein Vorwurf, sei doch nicht so empfindlich. Ich habe gesagt, es stört mich nicht, wenn du gehst. Nicht, dass ich allein sein will.«

»Hast du geschlafen?«

»Nein. Ich habe ferngesehen.«

»Ich habe gedacht, du musst im Bett bleiben?«

»Ich habe mich zugedeckt.«

Ich kochte, und wir aßen in der Küche.

»Was machen wir Silvester?«, fragte ich.

»Ich glaube nicht, dass ich bis dahin gesund bin.«

»Wie kannst du das wissen? Hast du keine Lust, mit mir auszugehen?«

»Doch, ich habe Lust. Aber ich bin krank. Ich fühle mich nicht wohl. Warst du in der Bibliothek?«

»Nicht wegen Louise. Es war mir zu kalt draußen, und ich wollte nicht gleich wieder zurückkommen. Ich wollte dich nicht stören.«

»Du störst mich nicht. Ich sage nur, dass du nicht den ganzen Tag auf mich aufzupassen brauchst. Es macht mir nichts aus, wenn du ausgehst. Es macht mir auch nichts aus, wenn du auf die Party von Louise gehst.«

»Wirklich nicht?«

»Nein, wirklich nicht.«

»Sie kennt viele interessante Leute. Es könnte wichtig sein für das Buch.«

»Wir sind ja nicht verheiratet.«

»Es könnte auch wichtig sein für uns. Wenn ich hierbleiben will, muss ich schauen, dass ich die richtigen Leute kennenlerne.«

»Ich mag nicht streiten«, sagte Agnes, »ich bin müde und krank.«

»Dein Haar wird langsam dünn«, sagte Agnes, »du wirst alt.«

Ich war zu ihr ins Schlafzimmer getreten, um mich zu verabschieden.

»Versprich mir, ein Taxi zu nehmen, wenn du nach Hause kommst«, sagte sie.

»Es kann spät werden. Mach dir keine Sorgen.«

»Rufst du mich an um Mitternacht?«

»Ich kann es nicht versprechen. Du weißt ja, wie es auf einer Silvesterparty um Mitternacht zugeht. Aber ich kann es versuchen.«

Wir umarmten uns, und sie küsste mich heftig.

»Alles Gute«, sagte sie.

»He«, sagte ich lachend, »ich komme zurück.«

»Ich meine nur, wenn du nicht anrufst … ein glückliches neues Jahr.«

Kurz nach elf rief ich Agnes an.

»Du bist viel zu früh«, sagte sie.

»Ich wollte es nicht vergessen. Was machst du?«

»Ich esse etwas. Ich habe mir die Feier in New York angeschaut. Dort hat das neue Jahr schon begonnen.«

»Ja.«

»Du fehlst mir.«

»Geh schlafen. Und wenn du aufwachst, bin ich wieder da.«

Louise stand neben mir, während ich telefonierte. Sie lächelte ironisch.

»Vermisst dich deine kleine Freundin?«, fragte sie, als ich aufgelegt hatte.

»Sie ist krank.«

»Amerikanerinnen sind immer krank, aber sie sind nicht umzubringen. Sie sorgen dafür, dass du immer ein schlechtes Gewissen hast. Und wenn sie mit einem Mann schlafen, dann reden sie nachher darüber, als hätten sie ihm einen Dienst erwiesen. Als seien sie mit ihrem Hund spazieren gegangen. Weil der Hund Bewegung braucht.«

»Agnes ist anders.«

»Glaub es«, sagte Louise. Sie hakte sich bei mir ein und stellte mich einigen Gästen vor. Sie lächelte alle an und sprach mit jedem ein paar Worte, aber kaum waren wir allein, erzählte sie mir, welcher der Männer sich schon an sie herangemacht und wer wen mit wem betrogen hatte.

»Warum wohnst du eigentlich noch bei deinen Eltern, wenn dich ihre Gesellschaft so anwidert?«, fragte ich.

»Oh, die sind schon in Ordnung. Sie widern mich nicht an.«

»Aber warum nimmst du dir nicht eine Wohnung und lädst deine eigenen Freunde ein?«

»Ich wäre schon längst nach Frankreich zurückgegangen. Aber ich habe eine gute Stelle hier. Und eigentlich ist es mir egal, wo ich wohne.« Außerdem, sagte sie, habe ihr Appartement einen eigenen Eingang und sie könne kommen und gehen, wie sie wolle.

»Und warum hast du keinen deiner Freunde eingeladen?«

»Warum sollte ich? Ich habe ja dich!«

»Hast du überhaupt Freunde hier?«

»Ich habe mich immer besser mit Männern als mit Frauen verstanden. Und mehr als einen Mann auf einmal mag ich nicht einladen. Ich habe schließlich einen Ruf zu verlieren.«

Ich trank ziemlich viel und sprach den ganzen Abend über nur mit Louise. Ihre Mutter zwinkerte mir ein paarmal zu, und einmal legte ihr Vater mir den Arm um die Schulter und fragte, ob ich mich gut amüsiere. Ich dankte für die Einladung, und er sagte, er freue sich, dass ich habe kommen können. Er fragte mich, was ich über den Pullman-Streik herausgefunden habe.

»Ich glaube, die Rolle, die das Geld spielte, wird überschätzt«, sagte ich. »Es ging um die Freiheit. Pullman war ein Patriarch, und der Streik war viel mehr eine Revolte gegen die absolute Kontrolle, gegen die Macht, als gegen die wirtschaftliche Ausbeutung.«

»In der Revolution geht es immer nur um Macht. Und die Macht hat, wer das Geld hat.«

»Aber selbst ohne die Depression wäre es irgendwann zum Zusammenbruch gekommen. Auch wenn die Löhne nicht gesenkt worden und die Preise nicht gestiegen wären.«

»Glauben Sie mir, es ging ums Geld und um nichts anderes«, sagte Louises Vater und nahm den Arm von meiner Schulter. »Ihr Schriftsteller denkt immer viel zu weit. Ich bin Geschäftsmann. Ich weiß, was die Welt bewegt.«

Als ich wieder mit Louise allein war, sagte sie: »Du solltest mit meinem Vater nicht über Politik diskutieren. Was interessiert dich diese Pullman-Geschichte überhaupt? Das ist ja alles schon längst vorbei und vergessen.«

Ich sagte, heute geschehe in globalem Ausmaß dasselbe wie vor hundert Jahren in Pullmans Musterstadt, und das werde über kurz oder lang zu Unruhen führen.

Louise winkte ab. »Komm, wir gehen in mein Appartement«, sagte sie. »Heute Nacht findet die Revolution noch nicht statt. Es sind sowieso alle betrunken.«

Sie holte aus der Küche eine Flasche Champagner, und ich folgte ihr die breite Treppe hinauf in ihre kleine Wohnung. Sie schloss die Tür hinter uns ab.

… 34 …

Es war drei oder vier Uhr, als ich die Party als einer der Letzten verließ. Louise bestand darauf, mich nach Hause zu bringen.

»Um diese Zeit dauert es eine Ewigkeit, bis du ein Taxi kriegst«, sagte sie.

Es war nicht weit bis ins Zentrum. In der Beaubien Street, einer kleinen Einbahnstraße direkt hinter dem Doral Plaza, hielt sie den Wagen an.

»Ich küsse meine Männer nicht auf der Michigan Avenue«, sagte sie.

»Agnes ist wieder da.«

»Das fällt dir etwas spät ein.«

»Du liebst mich nicht.«

»Und sie schläft nicht mehr mit dir«, sagte Louise, lehnte sich über die automatische Schaltung und küsste mich auf den Mund.

»Sie ist krank«, sagte ich, »aber sie wird wieder gesund werden. Es war etwas zwischen uns, etwas Wichtiges. Und es ist nicht verloren.«

»Ihr Männer seid Idioten«, sagte Louise, »ihr könnt nur lieben, wenn ihr zurückgestoßen werdet. Große Worte, immer diese großen Worte. Zwischen uns war auch etwas, heute Nacht, und das war schön. Und morgen Nacht könnte es wieder sein, und dann von Nacht zu Nacht noch ein paarmal. Und vielleicht würde mehr daraus, wenn du offen wärst. Aber du warst von vornherein nicht bereit dazu. Du hast mich von Anfang an in die eine Schublade geworfen.«

»Du hast gesagt, dass du mich nicht liebst. Dort im Archiv.«

»Dort habe ich es gesagt, aber heute Nacht habe ich es nicht gesagt.«

»Ich muss gehen.«

»Du musst nicht. Ich habe es nicht eilig.«

»Ich bin kein guter Mann, Louise.«

»Du bist nur betrunken.«

»Ja. Und ich muss gehen. Vielen Dank für das Fest. Ich ruf dich an.«

»Wünsch deiner Cinderella ein gutes neues Jahr«, sagte Louise bitter, und als ich schon die Treppe zum Hintereingang hinaufging, rief sie mir noch nach: »Bring mir mal einen ihrer Schuhe mit. Vielleicht haben wir dieselbe Größe.«

Ich konnte die Wohnungstür nicht öffnen. Der Schlüssel ließ sich zwar ins Schloss stecken, aber ich konnte ihn nicht umdrehen. Ich versuchte es einige Minuten lang. Ich war nicht mehr betrunken, aber es war, als denke ich nicht in meinem Kopf, als schwebten meine Gedanken irgendwo über mir. Ich probierte alle Schlüssel an meinem Bund, auch den Wohnungsschlüssel aus der Schweiz, sogar jenen für meinen Koffer, den ich immer bei mir trage. Ich musste Zeit gewinnen. Dann dachte ich, Agnes habe in meiner Abwesenheit das Schloss ausgewechselt oder irgendein betrunkener Idiot habe etwas ins Schlüsselloch gesteckt. Oder, dachte ich, Agnes hatte den Schlüssel stecken lassen, innen, absichtlich oder versehentlich. Ich klingelte. Es dauerte einige Minuten, und ich klingelte ein zweites und ein drittes Mal. Endlich öffnete sich die Tür einen Spaltbreit, soweit die Sicherheitskette es zuließ. Ein Japaner in weißem Morgenmantel schaute mich erschrocken an. Sofort begriff ich meinen Irrtum.

»Ich glaube, ich bin im falschen Stockwerk«, sagte ich, »es tut mir schrecklich leid.«

Der Japaner nickte, ohne das Gesicht zu verziehen, und schloss wortlos die Tür.

Ich war ein Stockwerk zu tief. Ich stieg die Treppe hinauf. Das Treppenhaus war für Notfälle gedacht und war Tag und Nacht beleuchtet. Ich setzte mich auf eine Stufe. Aus dem benachbarten Schacht hörte ich den Lift vorüberfahren, und ich fragte mich, wer in der Kabine stehe und nur wenige Meter von mir entfernt in die Höhe oder in die Tiefe schoss. Ich hatte in dem Jahr, seitdem ich im Doral Plaza wohnte, niemanden kennengelernt, nur den Verkäufer unten im Laden. Und auch von ihm wusste ich nichts, außer dass er immer da zu sein schien und dass er eine Vorliebe für schmutzige Witze und Anzüglichkeiten hatte. Er behandelte mich, als hätten wir ein Geheimnis miteinander, als seien wir seit Jahren Freunde, zwinkerte mir zu und machte Andeutungen, die ich nicht verstand. Aber in Wirklichkeit war er mir so fremd wie die Leute, die ich manchmal im Foyer sah und von denen ich nicht einmal wusste, ob sie im Haus wohnten oder ob sie nur zu Besuch hier waren. Endlich war es still, der Lift hatte angehalten, und ich stand auf und ging weiter.

Als ich die Wohnung betrat, hörte ich gleich das Summen meines Computers. Ich ging ins Arbeitszimmer. Auf dem Bildschirm waren Sterne zu sehen, die von einem Punkt in der Mitte aus in alle Richtungen wanderten. Schaute man auf den Mittelpunkt des Bildschirms, aus dem die Sterne kamen, hatte man das Gefühl, als fliege man ins Weltall, als werde man durch das Glas hindurch in einen unendlichen Raum hineingesogen. Ich hatte oft minutenlang davor gesessen, und Agnes hatte mich ausgelacht und gesagt, es sei nur die Illusion eines Raumes, in Wirklichkeit wanderten größer werdende Lichtpunkte auf einer Ebene nach außen, nicht umsonst heiße der Bildschirmschoner *Starfield Simulation.*

Ich drückte eine Taste, und auf dem Bildschirm erschien der Schluss meiner Geschichte. Es war der neue Schluss, jener, den ich heimlich geschrieben hatte.

Lange schaute Agnes in die Sterne, die ihr auf dem Bildschirm entgegenkamen. Das Geheimnisvolle, dachte sie, ist die Leere in der Mitte. Sie fühlte, wie sie immer tiefer hineingezogen wurde. Es war ihr, als tauche sie in den Bildschirm ein, werde zu den Worten und Sätzen, die sie gelesen hatte. Die Hand, die den Computer ausschaltete, schien nicht die ihre, der Körper, der sich anzog, nicht der ihre zu sein. Agnes verließ die Wohnung; nahm den Fahrstuhl, ging wie in Trance am Portier vorbei, der über seiner Zeitung eingeschlafen war.

Die Fahrt nach Willow Springs dauerte fast eine Stunde. Als Agnes ausstieg, war Mitternacht lange vorüber, aber man hörte noch immer das Knallen von Feuerwerk, und manchmal wurde der Himmel einen Augenblick lang von bengalischem Feuer erleuchtet. Agnes fror, obwohl sie ihren dicken Wintermantel trug, aber selbst das Frieren schien weit weg zu sein, es war, als stelle sie die Kälte nur fest, ohne sie zu fühlen. Sie ging durch lange Straßen, an Reihen kleiner hölzerner Häuser vorbei, aus denen noch hier und da Stimmen und Musik zu hören waren.

Agnes hatte das Ende der Straße erreicht. Vor ihr lag der Park in vollkommener Dunkelheit. Blind machte sie einige Schritte ins Dunkle hinein, dann konnte sie wieder sehen. Es war, als würde sie eine andere Welt betreten. Der Himmel, der, vom Licht der Straßenlampen verschmutzt, wie eine orangefarbene Decke über den Wohnvierteln gelegen hatte, war hier durchsichtig schwarz. Sie sah unzählige Sterne, erkannte Orion und die Zwillinge, Castor und Pollux. Die Mondsichel war so schmal, dass sie gerade genug Licht gab, um die schneebedeckten Wege zu erleuchten.

Der Wind blies böig. Das Brausen in Agnes' Ohren überdeckte jedes andere Geräusch, jeden Gedanken. Sie verirrte sich auf den verschlungenen Wegen und musste lange suchen, bis sie den Platz im Wald wiederfand. Die Bäume hatten ihre Blätter verloren, und der See war zugefroren. Aber Agnes erkannte die Stelle. Sie zog ihre Handschuhe aus und fuhr mit den Händen über die eiskalten Stämme der Bäume. Sie fühlte nicht die Kälte, aber sie spürte die schorfige Rinde an ihren fast tauben Fingerkuppen. Dann kniete sie nieder, legte sich hin und drückte ihr Gesicht in den pulvrigen Schnee.

Langsam gewann sie das Gefühl zurück, erst in den Füßen, in den Händen, dann in den Beinen und Armen, es breitete sich aus, wanderte durch ihre Schultern und ihren Unterleib zu ihrem Herzen, bis es ihren ganzen Körper durch-

drang und es ihr schien, als liege sie glühend im Schnee, als müsse der Schnee unter ihr schmelzen.

Neben dem Computer stand ein Teller mit einem halbgegessenen Sandwich. Ich ging ins Schlafzimmer. Agnes war nicht da. Ihr Mantel hing nicht an der Garderobe. Sonst fehlte nichts.

... 36 ...

Agnes ist nicht zurückgekommen. Ich habe die ganze Nacht und den ganzen Tag über auf sie gewartet. Gegen Mittag hat es aufgehört zu schneien, aber vor einigen Stunden hat es wieder angefangen. Einmal hat das Telefon geklingelt. Ich habe es nicht abgenommen, und es hat aufgehört zu klingeln, bevor der Beantworter den Anruf entgegennahm.

Ich habe das Licht gelöscht und schaue mir das Video an, das Agnes während unserer Wanderung durch den Nationalpark aufgenommen hat.

Ich, während der Heimfahrt am Lenkrad des Autos von der Rückbank aus gefilmt. Die Scheibenwischer. Manchmal ein Auto vor uns. Mein Hinterkopf, meine Hände am Steuer. Zum Schluss scheine ich bemerkt zu haben, dass Agnes filmte. Ich drehe meinen Kopf, lächelnd, aber bevor ich ganz nach hinten schaue, hört der Film auf.

Literaturhinweise

Braun, Michael: Peter Stamm: *Agnes*. Braunschweig 2012.

Kaul, Susanne: Das Spiel mit den Erzählebenen. Peter Stamms Roman *Agnes* und Johannes Schmids gleichnamige Verfilmung. In: Der Deutschunterricht 71 (2019) H. 2. S. 18–25.

König, Annette: Welt schreiben: Globalisierungstendenzen in der deutschsprachigen Gegenwartsliteratur aus der Schweiz. Bielefeld 2013, S. 37–46.

Marx, Friedhelm: Spuren. Kunst und Künstler bei Peter Stamm. In: Sprechen am Rande des Schweigens. Annäherungen an das Werk Peter Stamms. Hrsg. von Andrea Bartl und Kathrin Wimmer. Göttingen 2016, S. 205–215.

Nienhaus, Kristina: Das Spiel mit der Liebe. Liebesentwürfe in der Gegenwartsliteratur im Lichte spieltheoretischer Konzepte. Berlin [u. a.] 2021, S. 224–242.

Schömel, Wolfgang: »Die Frauen lieben die Männer nicht.« Aber sie lassen sie Liebesgeschichten schreiben. Peter Stamms Roman *Agnes*. In: Eros und Literatur. Liebe in Texten von der Antike bis zum Cyberspace. Hrsg. von Christiane Sollte-Gresser, Wolfgang Emmerich und Hans Wolf Jäger. Bremen 2005. S. 343–350.

Vollmer, Hartmut: »Glück malt man mit Punkten, Unglück mit Strichen«. Peter Stamms Roman *Agnes*. In: Monatshefte für deutschsprachige Literatur und Kultur 100 (2008) H. 2. S. 266–281.

Wimmer, Kathrin: Lebendiges Kunstwerk, tödliche Kunst. Der Pygmalionmythos in Peter Stamms *Agnes*. In: Transitkunst. Studien zur Literatur 1890–2010. Hrsg. von Andrea Bartl und Annika Klinge. Bamberg 2012. S. 301–327.

– Angst vor dem Tod und Sehnsucht nach der Spur. Schnee, Schrift und Fotografie als paradoxe Erinnerungsstrategien in Peter Stamms *Agnes*, *Ungefähre Landschaft* und *An einem Tag wie diesem*. In: Gegenbilder – literarisch/filmisch/fotografisch. Hrsg. von Corina Erk und Christoph Naumann. Bamberg 2013. S. 151–169.

Nachwort

Mit dem Romandebüt *Agnes* beginnt die Erfolgsgeschichte des 1963 geborenen Schweizer Erzählers Peter Stamm. Bis zum Herbst 1998 hatte er – neben journalistischen Arbeiten – schon einige Hörspiele und Theaterstücke publiziert. Sein erster Roman stieß sogleich auf eine große, durchweg positive Resonanz. *Agnes* sei »ein kluges, in jeder Hinsicht überzeugendes Buch über ein grosses, anstössiges Thema – den Skandal des Todes in einer restlos auf- und abgeklärten Welt«, schrieb Norbert Staub am 8. Oktober 1998 in der *Neuen Zürcher Zeitung*.[1] Dabei hat die »Überraschungsneuerscheinung dieses Schweizer Herbstes«, so Andreas Isenschmid am selben Tag in der *ZEIT*,[2] eine lange, vielgestaltige Vorgeschichte. Die erste Konzeption geht auf ein persönliches Erlebnis im Frühjahr 1992 zurück, das Peter Stamm 2011 im Rückblick beschrieben hat, nämlich die verstörende Erfahrung, einen geliebten Menschen ganz plötzlich nicht mehr zu erkennen – und zugleich jenseits all der

1 Norbert Staub, »Rieselnde Wirklichkeiten. *Agnes*: Peter Stamms beeindruckendes Erzähldébut«, in: *Neue Zürcher Zeitung* (8.10.1998), S. 45.

2 Andreas Isenschmid, »Stillers Kinder«, in: *Die Zeit* (8.10.1998), Nr. 42, Literaturbeilage. »Dieser Wechsel ins erzählende Genre ist dem Verfasser auf beeindruckende Weise geglückt«, schreibt Sabine Doering am 23.4.1999 in der *Frankfurter Allgemeinen Zeitung*. »Stamms literarisches Debüt ist ein so sensibles wie lakonisches Kammerspiel über versuchte Nähe, gelingende Liebe, metaphysisches Unglück, körperliche Krankheit und sanftes Entschwinden«, so Jochen Hieber am 29.6.1999 in der *Frankfurter Allgemeinen Zeitung*. »Das schmale Buch hat es in sich«, resümiert Wolfgang Werth für die *Süddeutsche Zeitung* am 6.3.1999.

Bilder, die man sich bis dahin von ihm gemacht hat, erstmals wirklich zu sehen.[3] Die Frage, welche Bilder wir unausgesetzt voneinander entwerfen, verwerfen und überzeichnen, bildete den Kern einer achtzigseitigen (bislang unveröffentlichten) Novelle, die Stamm 1993 fertigstellte und zusammen mit anderen Erzählungen verschiedenen Verlagen anbot: ohne Erfolg. Durch journalistische Arbeiten abgelenkt, arbeitete er die Novelle in den nächsten Jahren zunächst zu einem Hörspiel um, das 1997 von Radio Bremen angenommen und unter der Regie von Holger Rink produziert wurde: Am 1. September 1998 war es erstmals im Rundfunk zu hören. Zu diesem Zeitpunkt hatte Stamm den Stoff der Novelle bereits zu seinem *Agnes*-Roman erweitert, der gleichfalls im September 1998 im Zürcher Verlag Arche erschien. Noch während der Ausarbeitung des Romans konzipierte er ein *Agnes*-Drehbuch, das ab 2001 im Rahmen eines ZDF-Projekts interaktiv im Internet weiterentwickelt wurde und ihm als Grundlage für ein Film-Treatment und mehrere Skripts diente. Die wenig später vereinbarte Zusammenarbeit mit Samir Jamal Aldin, Regisseur der Schweizer Filmgesellschaft »Dschoint Ventschr«, scheiterte allerdings an den Produktionskosten. Unabhängig von Stamms Drehbuch-Vorarbeiten kam erst 2016 eine *Agnes*-Verfilmung in die Kinos: Um die Kosten zu senken, verlegte der Regisseur Johannes Schmid die Romanhandlung von Chicago in eine namenlose deutsche Großstadt.[4] Unter der Regie von Alexander Riemenschnei-

3 So Peter Stamm in einer E-Mail an Michael Braun. Vgl. Michael Braun, *Peter Stamm: Agnes*, Braunschweig 2012, S. 19 f.

4 Vgl. hierzu Susanne Kaul, »Das Spiel mit den Erzählebenen. Peter

der war *Agnes* bereits am 22. November 2011 in Prag als Theaterstück auf die Bühne gekommen. Eine solche Vielfalt an medialen Erscheinungsformen dürfte nur wenigen Geschichten der Gegenwartsliteratur zukommen. Für Peter Stamm bildet die dem Stoff inhärente Verschränkung von Liebesgeschichte und literarischer Selbstreflexion offenbar einen ganz eigenen Reiz. Sie markiert den Anfang einer literarischen Versuchsreihe und gehört seither zur Signatur seines erzählerischen Werks.

Liebe

»Agnes ist tot. Eine Geschichte hat sie getötet. Nichts ist mir von ihr geblieben als diese Geschichte« (S. 9): Mit diesen drei verstörenden Sätzen beginnt der namenlose Ich-Erzähler des Romans seinen Rückblick auf die gemeinsame Zeit mit Agnes. Er erzählt von der ersten Begegnung in der Öffentlichen Bibliothek in Chicago, vom zögerlichen Beginn der Liebesbeziehung bis zu Agnes' Verschwinden neun Monate später. Auf den ersten Blick bilden die beiden Liebenden ein ungleiches Paar: Der Erzähler ist ein älterer Schweizer Schriftsteller, der nach recht erfolglosen literarischen Versuchen inzwischen an einem Sachbuch über Luxuseisenbahnwaggons schreibt und einige gescheiterte Beziehungen hinter sich hat. Agnes dagegen ist eine 25-jährige, amerikanische Physikerin, die an ihrer Dissertation über Symmetrien der Symmetriegruppen von Kristallgit-

Stamms Roman *Agnes* und Johannes Schmids gleichnamige Verfilmung«, in: *Der Deutschunterricht* 71 (2019) H. 2, S. 18–25.

tern arbeitet und recht zurückgezogen lebt. Der Roman vermeidet es, diese Ausgangskonstellation zu einem scheiternden *Encounter* zwischen alter und neuer Welt, zwischen einem alten Mann und einer jungen Frau, zwischen Literatur und Naturwissenschaft auszuspielen. Die beiden finden sich, entdecken einander, ziehen zusammen, besuchen Museen, gehen wandern und streiten gelegentlich. Jenseits ihrer divergenten beruflichen Ambitionen verbindet sie ein Interesse für Literatur und Kunst. Immer wieder ist beiläufig von literarischen Texten oder Kunstwerken die Rede. In Agnes' Wohnung etwa entdeckt der Erzähler ein Plakat zur Aufführung des Theaterstücks *Mörder, Hoffnung der Frauen* von Oskar Kokoschka, das eine wüste, tödliche Liebesgeschichte schildert: ein erstes dunkles Vorzeichen. Und als die beiden über den Tod sprechen, kommt dem Erzähler ein Gedicht von Robert Frost in den Sinn, das auf den Schnee der Trennungsnacht vorausweist: *Stopping by Woods on a Snowy Evening.* Im Rückblick erscheinen diese Eindrücke wie viele andere insofern mit Bedeutung aufgeladen, als sie einen ersten Schatten auf die Beziehung werfen.

Agnes' überraschende Schwangerschaft markiert den Wendepunkt der Liebesgeschichte. Der Erzähler sieht sich überfordert und legt eine Abtreibung nahe, woraufhin Agnes aus seiner Wohnung auszieht: eine erste, vorläufige Trennung. Dass die beiden nach ihrer Fehlgeburt noch einmal zusammenkommen, ist nur von kurzer Dauer. Neun Monate nach der ersten Begegnung in der Bibliothek verschwindet Agnes ohne Ankündigung aus dem Leben des Erzählers. Er hält sie für tot – und rekapituliert die Geschichte ihrer gescheiterten Beziehung von Anfang an. Ihre besondere Qualität erhält die so dunkel endende Liebesgeschichte dadurch, dass sie ganz elementare Fragen vorhält. Der Erzähler registriert, dass er sich von Anfang an ein Bild seiner Geliebten macht – und wie er sie im Versuch, sie zu erkennen, immer wieder verkennt. Agnes will ihrerseits von ihm wissen, wie er sie sieht. Damit schließt der Roman an jene Frage an, die Max Frisch in seinen Tagebüchern und Romanen mehrfach verhandelt hat: Welche zerstörerische Wirkung kommt den Bildern zu, die wir uns von anderen machen?[5] In Peter Stamms Roman erhält dieses heikle menschliche Bedürfnis insofern eine ganz neue Wendung, als es von den Figuren fortwährend reflektiert wird: Die beiden Liebenden sprechen ausgiebig über die Bilder, die sie voneinander entwerfen. Sie beobachten ihre Beobachtungen und suchen sie im Medium einer Geschichte festzuhalten: ein heikles, am Ende scheiterndes Unternehmen, sich der gegenseitigen Liebe zu vergewissern.

Bilder, Spuren, Geschichten: literarische Selbstreflexion

Als Agnes erfährt, dass ihr Geliebter sich schon früher einmal an einer literarischen Erzählung versucht hat, äußert sie sogleich den Wunsch, zur Figur einer von ihm entworfenen Geschichte zu werden:

5 Vgl. Max Frisch, *Tagebuch 1946–1949. Gesammelte Werke in zeitlicher Folge*, hrsg. von Hans Mayer, Bd. 2, Tl. 2, Frankfurt a. M. 1976, S. 69–371.

»Könntest du nicht eine Geschichte über mich schreiben?«, fragte sie.

Ich lachte, und sie lachte mit.

»Wenn du unsterblich werden willst, musst du dir einen Berühmteren suchen.«

»Zweihundert Exemplare sind genug. Sogar wenn es nicht gedruckt wird. Es wäre wie ein Porträt. Du hast die Fotos von mir gesehen. Es gibt kein einziges gutes Bild von mir. Auf dem man mich sieht, wie ich bin.« (S. 39)

Ein solches literarisches Porträt würde Agnes Gewissheit darüber verschaffen, wie sie von ihm gesehen wird: »Schreib eine Geschichte über mich, [...] damit ich weiß, was du von mir hältst.« (S. 40) Wie viele spätere Romanfiguren Peter Stamms möchte Agnes auf diese Weise Spuren hinterlassen.[6] Wenn sie den prähistorischen Menschen von Stonehenge unterstellt, dass sie die riesenhaften Steine aufgestellt hätten, weil »sie sich fürchteten, in der Natur unterzugehen, zu verschwinden« (S. 26), kommt ihre eigene Angst vor einem spurlosen Verschwinden zum Vorschein. Auf Agnes' Wunsch nach einer Geschichte reagiert der Ich-Erzähler zunächst skeptisch. Zum einen sind seine literarischen Ambitionen längst verblichen, zum anderen befürchtet er, irgendwann die Kontrolle über diese Geschich-

6 Zum Motiv der Spuren im Werk Peter Stamms vgl. Kathrin Wimmer, »Angst vor dem Tod und Sehnsucht nach der Spur. Schnee, Schrift und Fotografie als paradoxe Erinnerungsstrategien in Peter Stamms *Agnes*, *Ungefähre Landschaft* und *An einem Tag wie diesem*«, in: *Gegenbilder – literarisch/filmisch/fotografisch*, hrsg. von Corina Erk und Christoph Naumann, Bamberg 2013, S. 151–169.

te zu verlieren: eine durchaus berechtigte Sorge, wie sich zeigen wird.

Der Ich-Erzähler beginnt, seine Geliebte zu beobachten (vgl. S. 50), entwirft den Verlauf ihrer gemeinsamen Geschichte von der ersten Begegnung bis in die Gegenwart und macht Agnes schließlich in dem Moment zu seinem »Geschöpf« (S. 51), als er in die gemeinsame Zukunft hineinschreibt: Damit schließt der Roman an den antiken Pygmalion-Mythos an.[7] Spätestens an diesem Punkt gerät die Liebesbeziehung in Gefahr. Nach dem Trauma des verlorenen Kindes entwerfen die beiden eine Zukunftsgeschichte, in der ihr gemeinsames Kind ein Leben mit ihnen geführt hätte. Das Erzählprojekt macht den Verlust allerdings noch schmerzhafter spürbar. Diese Erfahrung strahlt auf Agnes' Leseverhalten aus:

> »Ich frage mich manchmal, ob die Schriftsteller wissen, was sie tun, was sie mit uns anstellen. [...] Ich lese nicht mehr viel [...], vielleicht deshalb. Weil ich nicht mehr wollte, dass Bücher Gewalt über mich haben. Es ist wie ein Gift. Ich habe mir eingebildet, ich sei jetzt immun. Aber man wird nicht immun. Im Gegenteil.« (S. 99 f.)

Wie bedrohlich, ja tödlich die Fixierung eines geliebten Menschen im Medium der Literatur sein kann, hat Marie Luise Kaschnitz in ihrem Aufzeichnungsbuch *Tage, Tage, Jahre* von 1968 skizziert. Unter dem Datum des 22. Sep-

7 Vgl. Kathrin Wimmer, »Lebendiges Kunstwerk, tödliche Kunst. Der Pygmalionmythos in Peter Stamms *Agnes*«, in: *Transitkunst. Studien zur Literatur 1890–2010*, hrsg. von Andrea Bartl und Annika Klinge, Bamberg 2012, S. 301–327.

tember 1966 berichtet sie von einem Erzählprojekt Ingeborg Bachmanns, das sie auf ihre Weise umschreibt:

»I. B. erzählte mir, daß eine Episode ihres neuen Buches von einer chinesischen Geschichte angeregt sei. In der Geschichte schenkt ein Mann einem andern ein Buch, dessen Seiten mit Gift durchtränkt sind. Wenn der Beschenkte das Buch zu Ende gelesen, also alle Seiten umgeblättert hat, hat das Gift seine Wirkung getan, er stirbt.[8] Meine Phantasie ging andere Wege. Ich stellte mir vor, einer schriebe ein Buch, in dem er einen ihm nahestehenden, ja den ihm zu allernächst stehenden Menschen schildert, und zwar ganz genau, sein Äußeres und sein Inneres, die Gestalt, die Haut, das Haar, alles sozusagen großporig, in Nahsicht, er rückt seinem Objekt auf den Leib, beäugt, betastet es, studiert seine Bewegungen, seine Art rasch mit den Wimpern zu schlagen, einen Fuß vor den anderen zu setzen, sich mit der Hand an die Stirn zu greifen, zu horchen, sich zu besinnen, sich zu entrüsten, sich zu freuen. Er macht, mit einem Wort, aus dem Menschen, den er am meisten liebt, ein Studienobjekt, das ihm am leichtesten und alle Tage zugängliche, bleibt an der Oberfläche nicht haften, fängt an zu spionieren, stellt gezielte Fragen, die der andere arglos beantwortet, haben sie, Mann und Frau (oder Freund und Freund), nicht auch sonst geredet, nicht auch sonst einander zu ergründen versucht. Jetzt steht etwas dahinter,

8 Dabei handelt es sich offenbar um eine geplante Episode von Bachmanns *Fanny Goldmann*-Erzählung. Vgl. Ingeborg Bachmann, *Todesarten-Projekt*, Bd. 1, bearbeitet von Monika Albrecht und Dirk Göttsche, München 1995, S. 571.

eine Absicht, die als eine künstlerische perfide geadelt ist, was denkst du, was fühlst du, was hast du in der und jener Situation deiner Vergangenheit empfunden, wie hast du geliebt. Das Buch wächst, nimmt zu an Seiten, an Bedeutung, wer hat das schon einmal unternommen, wahrscheinlich viele, aber nicht so ausschließlich, so dringlich, ein Mensch mit gelichteten Haaren und guten Zähnen, ein Schwarzseher, ein leicht zu Erschütternder, ein politisch so und so eingestellter, ein Faß voll Erinnerungen, die sich bewegen wie Schlangen und verknäult an die Oberfläche kommen. Wer hat das schon einmal dargestellt, dieses Auftauchen und Weggleiten von nicht mehr Gegenwärtigem und wie dabei die Farbe der Haut sich verändert, die Farbe des Weißen im Auge und was die Hand dabei tut. Ein Mensch, der einen Menschen schildert, der ihm, seinem Nächsten damit nicht nur das Gesicht, sondern auch die Haut, auch den Körper, die Seele, den Eros wegnimmt, und der, dem das geschieht, weiß nichts, nur daß er, der Geschundene, immer hinfälliger wird, an Gedankenflucht leidet, an Gliederzittern, an Herzschwäche, an welcher er schließlich auch stirbt, und zwar in dem Augenblick, in dem der Schreiber (oder die Schreiberin) ihm das fertige Buch, schön gebunden, mit gefälligem Schutzumschlag, auf die Bettdecke legt.[9]

Kaschnitz' Erzählidee führt vor Augen, dass es durchaus lebensgefährlich sein kann, die restlos auserzählte Geschichte des eigenen Lebens zu lesen, erst recht, wenn sie von

9 Marie Luise Kaschnitz, *Tage, Tage, Jahre. Aufzeichnungen*, Frankfurt a. M. 1971, S. 92 f.

jemandem geschrieben wurde, den man liebt. In Peter Stamms Roman ist es die Lektüre des bis dahin verborgen gehaltenen Schlusses der Geschichte, die zu Agnes' Verschwinden führt. Innerhalb des Romans erscheint das Erzählen ambivalent: Für die Beteiligten wird die Aufzeichnung und Fortschreibung der gemeinsamen Geschichte einerseits zu einem Spiegel, einer Experimentierfläche, einem Medium der wechselseitigen Selbstvergewisserung, andererseits zu einem Dokument der Enttäuschung und der Bedrohung, da die Geschichte den offenen Lebensentwurf überschreibt, vorzeichnet und festlegt.

Unzuverlässiges Erzählen

Die ersten beiden Sätze des Romans, »Agnes ist tot. Eine Geschichte hat sie getötet.« (S. 9), spielen mit den Konventionen der Kriminalgeschichte. Ein Todesbefund steht am Anfang, provoziert Spannung und bildet den Erzählanlass. Die obligate Frage nach Ursache, Tathergang und möglichem Täter wird allerdings auf eine Weise beantwortet, die sogleich mehrere neue Fragen aufwirft: Auf welche Weise vermag denn eine Geschichte zu töten? Wer hat diese Geschichte zu verantworten? Wird sich der Erzähler schuldig bekennen? Womöglich in Form einer Geschichte, die von dieser tödlichen Geschichte erzählt? Können wir überhaupt zuverlässig wissen, dass Agnes tot ist? Die Geschichte, wie sie der Ich-Erzähler im Verlauf der Beziehung entwirft und mehrfach variiert, wird von der Geschichte des Romans, die er selbst rückblickend erzählt, überschrieben. Am Anfang der Liebesgeschichte steht Agnes' Begehren, zu erkennen, erkannt zu werden und sich selbst auf die Spur zu kommen. Dieser Prozess läuft auf eine verletzende, offenbar lebensbedrohliche Auslöschung zu. Es bleibt unklar, wer Agnes nun wirklich war, wie sie sich selbst sah und wie ihr Geliebter sie sah. Während die Binnengeschichte darauf abzielt, Spuren zu hinterlassen und festzuschreiben, wird sie von einer Rahmengeschichte überschrieben, die nahezu alles offenlässt. Peter Stamms Roman *Agnes* lässt seine Figuren Spuren ziehen, macht diese Spuren allerdings in ihrer Vorläufigkeit und Bedrohlichkeit erkennbar. Damit reflektiert der Roman die eigene literarische Verfasstheit und die heikle Wirkung der Kunst.

Friedhelm Marx

Inhalt